사고력 수학 소마가 개발한 연산학습의 새 기준!!
소마의 마술같은 원리**셈**

소마셈

C2
3학년

수학이 즐거워지는 특별한 수학교실
소마에서 개발한 연산교재 소마셈
소마셈

2002년 대치소마 개원 이후로 끊임없는 교재 연구와 교구의 개발은 소마의 자랑이자 자부심입니다. 교구, 게임, 토론 등의 다양한 활동식 수업으로 스스로 문제해결능력을 키우고, 아이들이 수학에 대한 흥미와 자신감을 가질 수 있도록 차별성 있는 수업을 해 온 소마에서 연산 학습의 새로운 패러다임을 제시합니다.

연산 교육의 현실

연산 교육의 가장 큰 폐해는 '초등 고학년 때 연산이 빠르지 않으면 고생한다.'는 기존 연산 학습지의 왜곡된 마케팅으로 인해 단순 반복을 통한 기계적 연산을 강조하는 것입니다. 하지만, 기계적 반복을 위주로 하는 연산은 개념과 원리가 빠진 연산 학습으로써 아이들이 수학을 싫어하게 만들 뿐 아니라 사고의 확장을 막는 학습방법입니다.

초등수학 교과과정과 연산

초등교육과정에서는 문자와 기호를 사용하지 않고 말로 풀어서 연산의 개념과 원리를 설명하다가 중등교육과정부터 문자와 기호를 사용합니다. 교과서를 살펴보면 모든 연산의 도입에 원리가 잘 설명되어 있습니다. 요즘 현실에서는 연산의 원리를 묻는 서술형 문제도 많이 출제되고 있는데 연산은 연습이 우선이라는 인식이 아직도 지배적입니다.

연산 학습은 어떻게?

연산 교육은 별도로 떼어내어 추상적인 숫자나 기호만 가지고 다뤄서는 절대로 안됩니다. 구체물을 가지고 생각하고 이해한 후, 연산 연습을 하는 것이 필요합니다. 또한, 속도보다 정확성을 위주로 학습하여 실수를 극복할 수 있는 좋은 습관을 갖추는 데에 초점을 맞춰야 합니다.

소마셈 연산학습 방법

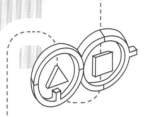

 10이 넘는 한 자리 덧셈 **구체물을 통한 개념의 이해**

덧셈과 뺄셈의 기본은 수를 세는 데에 있습니다. 8+4는 8에서 1씩 4번을 더 센 것이라는 개념이 중요합니다.
10의 보수를 이용한 받아 올림을 생각하면 8+4는 (8+2)+2지만 연산 공부를 시작할 때에는 덧셈의 기본 개념
에 충실한 것이 좋습니다. 이 책은 구체물을 통해 개념을 이해할 수 있도록 구체적인 예를 든 연산 문제로 구성
하였습니다.

 가로셈 **가로셈을 통한 수에 대한 사고력 기르기**

세로셈이 잘못된 방법은 아니지만 연산의 원리는 잊고 받아 올림한 숫자는 어디에 적어야 하는지만을 기억하여
마치 공식처럼 풀게 합니다. 기계적으로 반복하는 연습은 생각없이 연산을 하게 만듭니다. 가로셈을 통해 원리를
생각하고 수를 쪼개고 붙이는 등의 과정에서 키워질 수 있는 수에 대한 사고력도 매우 중요합니다.

 곱셈구구 **곱셈도 개념 이해를 바탕으로**

곱셈구구는 암기에만 초점을 맞추면 부작용이 큽니다. 곱셈은 덧셈을 압축한 것이라는 원리를 이해하며 구구단
을 외움으로써 연산을 빨리 할 수 있다는 것을 알게 해야 합니다. 곱셈구구를 외우는 것도 중요하지만 곱셈의
의미를 정확하게 아는 것이 더 중요합니다. 4×3을 할 줄 아는 학생이 두 자리 곱하기 한 자리는 안 배워서
45×3을 못 한다고 말하는 일은 없도록 해야 합니다.

K단계 (5, 6, 7세) • 연산을 시작하는 단계

뛰어세기, 거꾸로 뛰어세기를 통해 수의 연속한 성질(linearity)을 이해하고 덧셈, 뺄셈을 공부합니다. 각 권의 호흡은 짧지만 일관성 있는 접근으로 자연스럽게 나선형식 반복학습의 효과가 있도록 하였습니다.

학습대상 : 연산을 시작하는 아이와 한 자리 수 덧셈을 구체물(손가락 등)을 이용하여 해결하는 아이

학습목표 : 수와 연산의 튼튼한 기초 만들기

P단계 (7세, 1학년) • 받아올림이 있는 덧셈, 뺄셈을 배울 준비를 하는 단계

5, 6, 9 뛰어세기를 공부하면서 10을 이용한 더하기, 빼기의 편리함을 알도록 한 후, 가르기와 모으기의 집중학습으로 보수 익히기, 10의 보수를 이용한 덧셈, 뺄셈의 원리를 공부합니다.

학습대상 : 받아올림이 없는 한 자리 수의 덧셈을 할 줄 아는 학생

학습목표 : 받아올림이 있는 연산의 토대 만들기

A단계 (1학년) • 초등학교 1학년 교과과정 연산

받아올림이 있는 한 자리 수의 덧셈, 뺄셈은 연산 전체에 매우 중요한 단계입니다. 원리를 정확하게 알고 A1에서 A4까지 총 4권에서 한 자리 수의 연산을 다양한 과정으로 연습하도록 하였습니다.

학습대상 : 초등학교 1학년 수학교과과정을 공부하는 학생

학습목표 : 10의 보수를 이용한 받아올림이 있는 덧셈, 뺄셈

B단계 (2학년) • 초등학교 2학년 교과과정 연산

두 자리, 세 자리 수의 연산을 다룬 후 곱셈, 나눗셈을 다루는 과정에서 곱셈구구의 암기를 확인하기보다는 곱셈구구를 외우는데 도움이 되고, 곱셈, 나눗셈의 원리를 확장하여 사고할 수 있도록 하는데 초점을 맞추었습니다.

학습대상 : 초등학교 2학년 수학교과과정을 공부하는 학생

학습목표 : 덧셈, 뺄셈의 완성 / 곱셈, 나눗셈의 원리를 정확하게 알고 개념 확장

C단계 (3학년) • 초등학교 3, 4학년 교과과정 연산

B단계까지의 소마셈은 다양한 문제를 통해서 학생들이 즐겁게 연산을 공부하고 원리를 정확하게 알게 하는데 초점을 맞추었다면, C단계는 3학년 과정의 큰 수의 연산과 4학년 과정의 혼합 계산, 괄호를 사용한 식 등, 필수 연산의 연습을 충실히 할 수 있도록 하였습니다.

학습대상 : 초등학교 3, 4학년 수학교과과정을 공부하는 학생

학습목표 : 큰 수의 곱셈과 나눗셈, 혼합 계산

D단계 (4학년) • 초등학교 4, 5학년 교과과정 연산

분모가 같은 분수의 덧셈과 뺄셈, 소수의 덧셈과 뺄셈을 공부하여 초등 4학년 과정 연산을 마무리하고 초등 5학년 연산과정에서 가장 중요한 약수와 배수, 분모가 다른 분수의 덧셈과 뺄셈을 충분히 익힐 수 있도록 하였습니다.

학습대상 : 초등학교 4, 5학년 수학교과과정을 공부하는 학생

학습목표 : 분모가 같은 분수의 덧셈과 뺄셈, 소수의 덧셈과 뺄셈, 분모가 다른 분수의 덧셈과 뺄셈

소마셈 단계별 학습내용

K단계 추천연령 : 5, 6, 7세

단계	K1	K2	K3	K4
권별 주제	10까지의 더하기와 빼기 1	20까지의 더하기와 빼기 1	10까지의 더하기와 빼기 2	20까지의 더하기와 빼기 2
단계	K5	K6	K7	K8
권별 주제	10까지의 더하기와 빼기 3	20까지의 더하기와 빼기 3	20까지의 더하기와 빼기 4	7까지의 가르기와 모으기

P단계 추천연령 : 7세, 1학년

단계	P1	P2	P3	P4
권별 주제	30까지의 더하기와 빼기 5	30까지의 더하기와 빼기 6	30까지의 더하기와 빼기 10	30까지의 더하기와 빼기 9
단계	P5	P6	P7	P8
권별 주제	9까지의 가르기와 모으기	10 가르기와 모으기	10을 이용한 더하기	10을 이용한 빼기

A단계 추천연령 : 1학년

단계	A1	A2	A3	A4
권별 주제	덧셈구구	뺄셈구구	세 수의 덧셈과 뺄셈	□가 있는 덧셈과 뺄셈
단계	A5	A6	A7	A8
권별 주제	(두 자리 수) + (한 자리 수)	(두 자리 수) - (한 자리 수)	두 자리 수의 덧셈과 뺄셈	□가 있는 두 자리 수의 덧셈과 뺄셈

B단계 추천연령 : 2학년

단계	B1	B2	B3	B4
권별 주제	(두 자리 수) + (두 자리 수)	(두 자리 수) - (두 자리 수)	세 자리 수의 덧셈과 뺄셈	덧셈과 뺄셈의 활용
단계	B5	B6	B7	B8
권별 주제	곱셈	곱셈구구	나눗셈	곱셈과 나눗셈의 활용

C단계 추천연령 : 3학년

단계	C1	C2	C3	C4
권별 주제	두 자리 수의 곱셈	두 자리 수의 곱셈과 활용	두 자리 수의 나눗셈	세 자리 수의 나눗셈과 활용
단계	C5	C6	C7	C8
권별 주제	큰 수의 곱셈	큰 수의 나눗셈	혼합 계산	혼합 계산의 활용

D단계 추천연령 : 4학년

단계	D1	D2	D3	D4
권별 주제	분모가 같은 분수의 덧셈과 뺄셈(1)	분모가 같은 분수의 덧셈과 뺄셈(2)	소수의 덧셈과 뺄셈	약수와 배수
단계	D5	D6		
권별 주제	분모가 다른 분수의 덧셈과 뺄셈(1)	분모가 다른 분수의 덧셈과 뺄셈(2)		

구성과 특징

① 수 이야기

수 이야기

생활 속의 수 이야기를 통해 수와 연산의 이해를 돕습니다. 수의 역사나 재미있는 연산 문제를 접하면서 수학이 재미있는 공부가 되도록 합니다.

② 원리

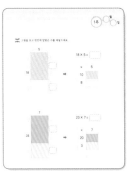

원리

가장 기본적인 연산의 원리를 소개합니다. 이때 다양한 방법을 제시하되 가장 효과적인 방법을 적용할 수 있도록 단계적으로 접근하여 충분한 원리의 이해를 돕습니다.

연습

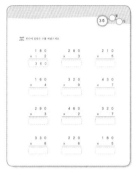

원리의 이해를 바탕으로 연산이 익숙해 지도록 연습합니다. 먼저 반복적인 연산 연습 후에 나아가 배운 원리를 활용하여 확장된 문제를 해결합니다.

Drill (보충학습)

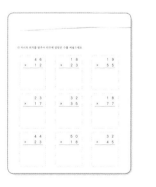

주차별 주제에 대한 연습이 더 필요한 경우 보충학습을 활용합니다.

TIP 연산과정의 확인이 필수적인 주제는 Drill 의 양을 2배로 담았습니다.

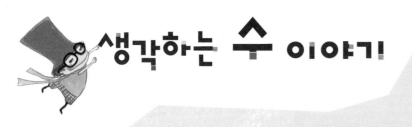

문살 곱셈법

문살 곱셈법은 우리나라의 전통 곱셈법이에요. 바로 문의 문살과 문살이 만나는 점을 이용하여 구하는 곱셈으로 각각의 선이 만나는 곳에 점을 찍고, 그 개수를 더하여 구하는 것이에요.

2 × 4 ➡

2 × 4 = 8

큰 수의 곱셈도 다음과 같이 자릿수를 나누어 점을 더해서 계산할 수 있어요.

13 × 21 ➡

백의   십의   일의
자리   자리   자리
(2개)   (7개)   (3개)

13 × 21 = 200 + 70 + 3 = 273

이와 같이 문살과 문살이 만나 생기는 점의 개수는 자연수를 연속으로 더한 값이 됩니다. 예를 들어 2×4는 2를 4번 더한 것과 같기 때문에 문살이 만나 생기는 점이 의미하는 자릿수만 알면, 점의 개수를 묶은 다음 더하는 것으로 곱셈 값을 쉽게 구할 수 있답니다.

소마셈 C2 - 1주차

(두 자리 수) × (두 자리 수) (1)

몇십의 곱

 그림을 보고 몇십의 곱을 해 보세요.

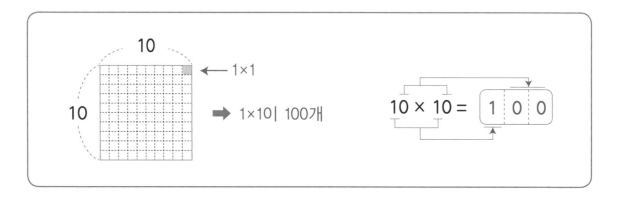

10

1×1

→ 1×1이 100개

$10 × 10 = \boxed{1 \mid 0 \mid 0}$

$20 × 30 = \boxed{}$

$40 × 30 = \boxed{}$

$10 × 40 = \boxed{}$

$20 × 40 = \boxed{}$

$50 × 30 = \boxed{}$

$60 × 20 = \boxed{}$

(몇십)×(몇십)의 값은 (몇)×(몇)의 계산 결과의 뒤에 0을 2개 붙이면 됩니다.

🌱 그림을 보고 몇십의 곱을 해 보세요.

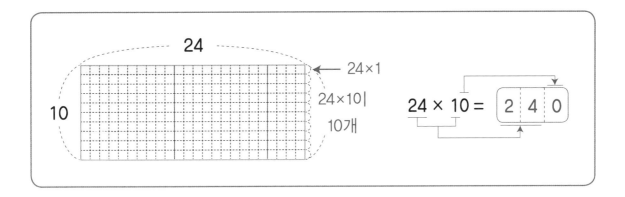

24 × 10 = 2 4 0

32 × 30 =

28 × 40 =

24 × 20 =

42 × 40 =

53 × 30 =

41 × 70 =

 TIP

(두 자리 수)×(몇십)의 값은 (두 자리 수)×(몇)의 계산 결과의 뒤에 0을 1개 붙이면 됩니다.

 □ 안에 알맞은 수를 써넣으세요.

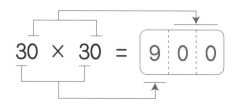

$30 \times 30 =$ 9 0 0

$26 \times 20 =$

$60 \times 20 =$

$32 \times 20 =$

$10 \times 50 =$

$14 \times 40 =$

$45 \times 30 =$

$40 \times 40 =$

$17 \times 50 =$

$40 \times 50 =$

$20 \times 70 =$

$28 \times 50 =$

갈라서 더하기

 그림을 보고 갈라서 더하는 방법을 알아보고, 빈칸에 알맞은 수를 써넣으세요.

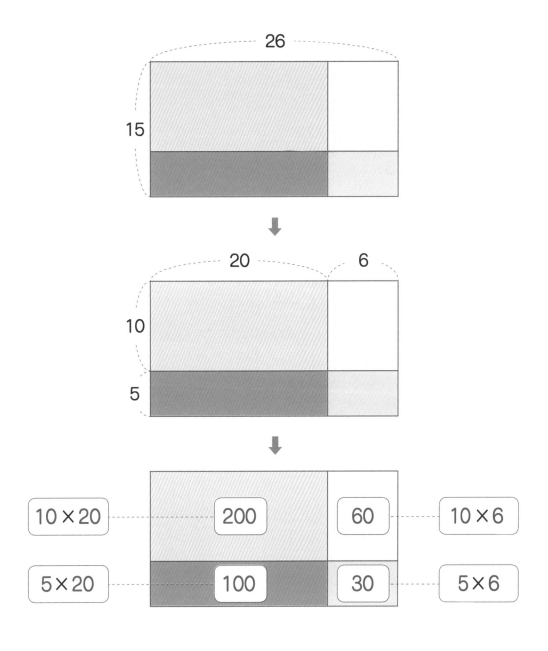

$$26 \times 15 = \boxed{} + \boxed{} + \boxed{} + \boxed{} = \boxed{}$$

 그림을 보고 빈칸에 알맞은 수를 써넣으세요.

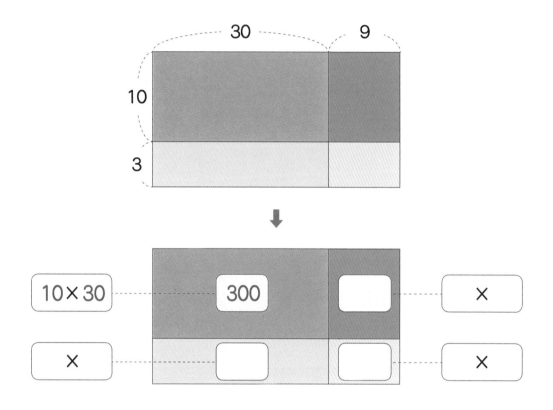

$$39 \times 13 = \boxed{} + \boxed{} + \boxed{} + \boxed{} = \boxed{}$$

(두 자리 수)×(두 자리 수)의 계산은 곱하는 두 수를 각각 (몇십)과 (몇)으로 가르기하여
네 부분을 각각 계산해서 더합니다.

그림을 보고 빈칸에 알맞은 수를 써넣으세요.

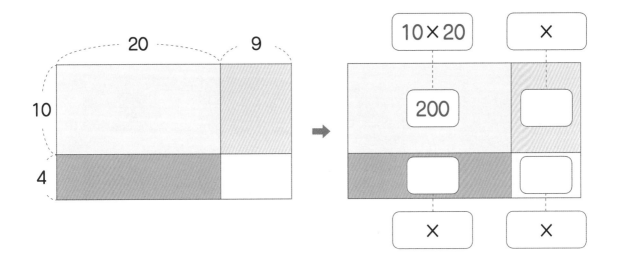

$$29 \times 14 = \boxed{} + \boxed{} + \boxed{} + \boxed{} = \boxed{}$$

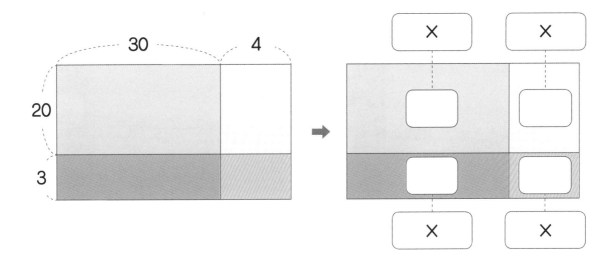

$$34 \times 23 = \boxed{} + \boxed{} + \boxed{} + \boxed{} = \boxed{}$$

1주

 그림을 보고 빈칸에 알맞은 수를 써넣으세요.

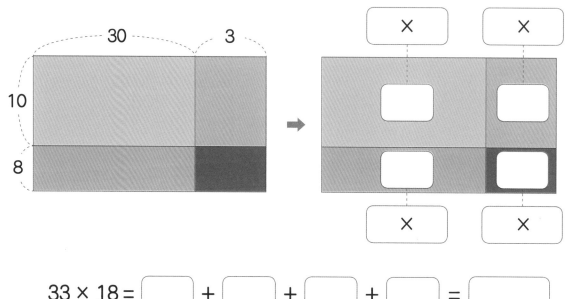

$33 \times 18 =$ ⬚ $+$ ⬚ $+$ ⬚ $+$ ⬚ $=$ ⬚

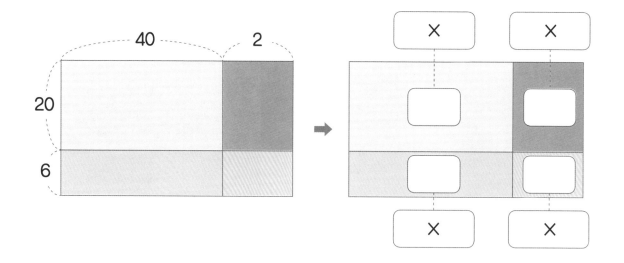

$42 \times 26 =$ ⬚ $+$ ⬚ $+$ ⬚ $+$ ⬚ $=$ ⬚

3 일 차 표 만들기

 그림을 보고 표를 만들어 곱하는 방법을 알아보세요.

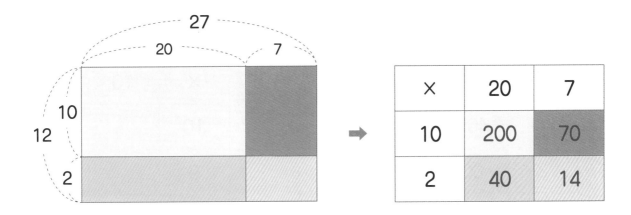

27 × 12 = ⎡200⎤ + ⎡40⎤ + ⎡70⎤ + ⎡14⎤ = ⎡324⎤

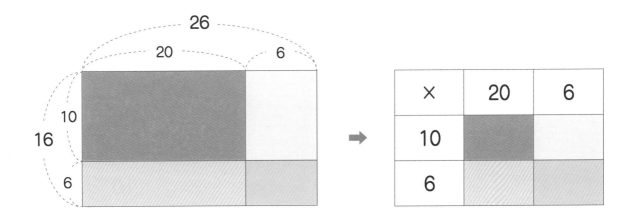

26 × 16 = ⎡ ⎤ + ⎡ ⎤ + ⎡ ⎤ + ⎡ ⎤ = ⎡ ⎤

 빈칸에 알맞은 수를 써넣으세요.

24 × 23 = 552

×	20	4
20	400	80
3	60	12

400+60+80+12=552

17 × 19 =

×	10	7
10		
9		

25 × 14 =

×	20	5
10		
4		

18 × 22 =

×	10	8
20		
2		

28 × 27 =

×	20	8
20		
7		

16 × 31 =

×	10	6
30		
1		

빈칸에 알맞은 수를 써넣으세요.

27 × 21 = ▢

×	20	7
20		
1		

14 × 32 = ▢

×	10	4
30		
2		

26 × 23 = ▢

×	20	6
20		
3		

37 × 15 = ▢

×	30	7
10		
5		

19 × 52 = ▢

×	10	9
50		
2		

37 × 32 = ▢

×	30	7
30		
2		

세로셈 (1)

 각 자리의 위치를 맞추어 빈칸에 알맞은 수를 써넣으세요.

```
      5 2              5 2              5 2
  ×   4 6          ×   4 6          ×   4 6
  ─────────        ─────────        ─────────
    3 1 2            3 1 2            3 1 2   ← (52×6)
                    2 0 8            2 0 8   ← (52×40)
                                   ─────────
                                    2 3 9 2
```

```
      3 5              3 5              3 5
  ×   4 7          ×   4 7          ×   4 7
  ─────────        ─────────        ─────────
  [      ]         [      ]         [      ]
                   [      ]         [      ]
                                    [      ]
```

```
      2 6              2 6              2 6
  ×   3 9          ×   3 9          ×   3 9
  ─────────        ─────────        ─────────
  [      ]         [      ]         [      ]
                   [      ]         [      ]
                                    [      ]
```

TIP

52×46에서 52×40=2080을 쓸 때, 곱의 일의 자리 숫자 0을 생략합니다. 이처럼 0을 생략할 때에는 십의 자리에 맞추어 곱을 쓰도록 주의합니다.

빈칸에 알맞은 수를 써넣으세요.

```
      4 1
  ×   3 7
  ┌─────────┐
  │ 2 8 7 │ ← (41×7)
  └─────────┘
┌─────────┐
│ 1 2 3 │   ← (41×30)
└─────────┘
┌───────────┐
│ 1 5 1 7 │
└───────────┘
```

```
      2 3
  ×   4 5
  ┌─────────┐
  │         │
  └─────────┘
┌─────────┐
│         │
└─────────┘
┌───────────┐
│           │
└───────────┘
```

```
      3 2
  ×   7 2
  ┌─────────┐
  │         │
  └─────────┘
┌─────────┐
│         │
└─────────┘
┌───────────┐
│           │
└───────────┘
```

```
      3 5
  ×   1 6
  ┌─────────┐
  │         │
  └─────────┘
┌─────────┐
│         │
└─────────┘
┌───────────┐
│           │
└───────────┘
```

```
      2 9
  ×   2 6
  ┌─────────┐
  │         │
  └─────────┘
┌─────────┐
│         │
└─────────┘
┌───────────┐
│           │
└───────────┘
```

```
      3 5
  ×   3 7
  ┌─────────┐
  │         │
  └─────────┘
┌─────────┐
│         │
└─────────┘
┌───────────┐
│           │
└───────────┘
```

```
      2 8
  ×   5 3
  ┌─────────┐
  │         │
  └─────────┘
┌─────────┐
│         │
└─────────┘
┌───────────┐
│           │
└───────────┘
```

```
      4 6
  ×   1 5
  ┌─────────┐
  │         │
  └─────────┘
┌─────────┐
│         │
└─────────┘
┌───────────┐
│           │
└───────────┘
```

```
      2 4
  ×   1 9
  ┌─────────┐
  │         │
  └─────────┘
┌─────────┐
│         │
└─────────┘
┌───────────┐
│           │
└───────────┘
```

빈칸에 알맞은 수를 써넣으세요.

```
    3 4              2 2              1 4
×   1 8          ×   3 8          ×   6 3
```

```
    3 7              1 8              1 3
×   3 2          ×   2 9          ×   5 7
```

```
    4 3              2 3              5 4
×   1 6          ×   3 5          ×   2 7
```

세로셈 (2)

 각 자리의 위치를 맞추어 빈칸에 알맞은 수를 써넣으세요.

```
      2 3
  ×   3 4
  ─────────
      9 2
    6 9
  ─────────
    7 8 2
```

```
      1 9
  ×   3 2
  ─────────
```

```
      3 5
  ×   1 7
  ─────────
```

```
      2 4
  ×   2 8
  ─────────
```

```
      1 6
  ×   1 8
  ─────────
```

```
      2 6
  ×   3 7
  ─────────
```

```
      1 5
  ×   5 4
  ─────────
```

```
      2 4
  ×   2 4
  ─────────
```

```
      3 9
  ×   1 3
  ─────────
```

각 자리의 위치를 맞추어 빈칸에 알맞은 수를 써넣으세요.

```
      5 2                    1 8                    2 4
  ×   3 8                ×   2 8                ×   3 1
      4 1 6
  1 5 6
  1 9 7 6
```

```
      2 7                    4 4                    5 1
  ×   1 2                ×   2 5                ×   1 4
```

```
      4 0                    5 5                    2 0
  ×   1 6                ×   1 1                ×   6 3
```

소마셈 C2 - 2주차

(두 자리 수) × (두 자리 수) (2)

세로셈 (3)

 각 자리의 위치를 맞추어 빈칸에 알맞은 수를 써넣으세요.

```
        5 6
    ×   2 4
    ─────────
      2 2 4
    1 1 2
    ─────────
    1 3 4 4
```

```
        1 8
    ×   3 5
    ─────────
```

```
        2 7
    ×   2 6
    ─────────
```

```
        3 2
    ×   2 9
    ─────────
```

```
        1 5
    ×   1 6
    ─────────
```

```
        4 2
    ×   3 9
    ─────────
```

```
        1 9
    ×   5 3
    ─────────
```

```
        2 3
    ×   2 5
    ─────────
```

```
        3 5
    ×   1 4
    ─────────
```

월
일

 각 자리의 위치를 맞추어 빈칸에 알맞은 수를 써넣으세요.

```
    4 1              1 7              2 8
  ×  3 7          ×  4 3          ×  3 5
  -------          -------          -------
  2 8 7
1 2 3
  -------
1 5 1 7
```

```
    2 6              1 6              6 2
  ×  2 6          ×  3 8          ×  1 7
  -------          -------          -------
```

```
    5 3              4 0              2 9
  ×  2 4          ×  2 6          ×  3 2
  -------          -------          -------
```

잘못된 식

 다음과 같이 계산이 잘못된 곳을 찾아 표시하고, 답을 바르게 고쳐 보세요.

```
    3 0
  ×  4 2
  ────────
    6̶ 0̶ 0̶
  1 2 0
  ────────
  1̶ 8̶ 0̶ 0̶
```

➡

```
    3 0
  ×  4 2
  ────────
      6 0
  1 2 0
  ────────
  1 2 6 0
```

```
    2 3
  ×  7 4
  ────────
      9 2
  1 6 1
  ────────
  2 5 3
```

➡

```
    1 9
  ×  3 5
  ────────
    5 4 5
    5 7
  ────────
  1 1 1 5
```

➡

계산이 잘못된 곳을 찾아 표시하고, 답을 바르게 고쳐 보세요.

$$
\begin{array}{r}
5\ 7 \\
\times\ \ 2\ 6 \\
\hline
3\ 4\ 2 \\
1\ 0\ 4\ \ \ \\
\hline
1\ 3\ 8\ 2
\end{array}
$$

➡

$$
\begin{array}{r}
2\ 8 \\
\times\ \ 1\ 6 \\
\hline
1\ 2\ 4\ 8 \\
2\ 8\ \ \ \\
\hline
1\ 5\ 2\ 8
\end{array}
$$

➡

$$
\begin{array}{r}
4\ 7 \\
\times\ \ 1\ 9 \\
\hline
4\ 2\ 3 \\
4\ 7\ \ \ \\
\hline
4\ 7\ 0
\end{array}
$$

➡

곱셈식 만들기

 숫자 카드를 모두 사용하여 곱셈식을 완성하세요.

0	2	6

```
      3  8
×   1 [ ]
─────────
   [ ]  2  8
   3  8
─────────
   6 [ ] 8
```

2	3	9

```
      4 [ ]
×    2  7
─────────
  [ ]  4  3
   9  8
─────────
1  3 [ ] 3
```

1	2	4

```
      2  8
×   [ ] 3
─────────
   8  4
[ ] 1  2
─────────
1 [ ] 0  4
```

3	4	7

```
      5  3
×    2 [ ]
─────────
[ ]  7  1
1  0  6
─────────
1 [ ] 3  1
```

숫자 카드를 모두 사용하여 곱셈식을 완성하세요.

0　8　9

$$\begin{array}{r} 3\ \square \\ \times\ \ 2\ 8 \\ \hline 3\ 1\ 2 \\ 7\ \square \\ \hline 1\ \square\ 9\ 2 \end{array}$$

5　6　8

$$\begin{array}{r} 3\ 6 \\ \times\ \ 3\ \square \\ \hline 1\ \square\ 0 \\ 1\ 0\ 8 \\ \hline 1\ 2\ \square\ 0 \end{array}$$

3　6　7

$$\begin{array}{r} 5\ \square \\ \times\ \ 2\ 4 \\ \hline 2\ 1\ 2 \\ 1\ 0\ \square \\ \hline 1\ 2\ \square\ 2 \end{array}$$

3　5　6

$$\begin{array}{r} 7\ 2 \\ \times\ \ \square\ 7 \\ \hline \square\ 0\ 4 \\ 2\ 1\ 6 \\ \hline 2\ \square\ 6\ 4 \end{array}$$

 가로 또는 세로 방향의 두 수를 곱하여 빈칸에 알맞은 수를 써넣으세요.

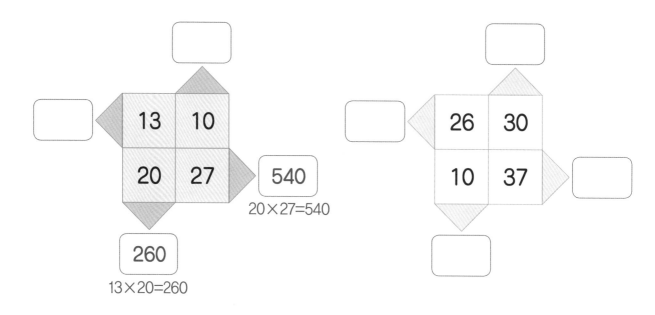

	13	10
	20	27

540

20×27=540

260

13×20=260

	26	30
	10	37

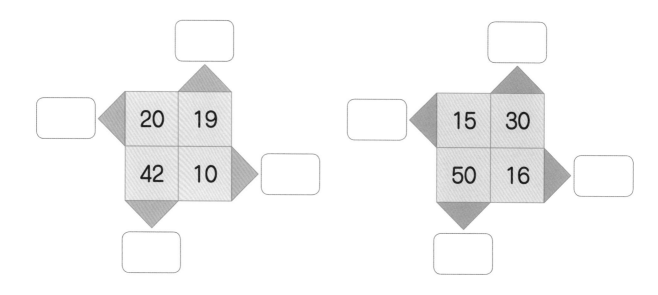

	20	19
	42	10

	15	30
	50	16

월
일

가로 또는 세로 방향의 두 수를 곱하여 빈칸에 알맞은 수를 써넣으세요.

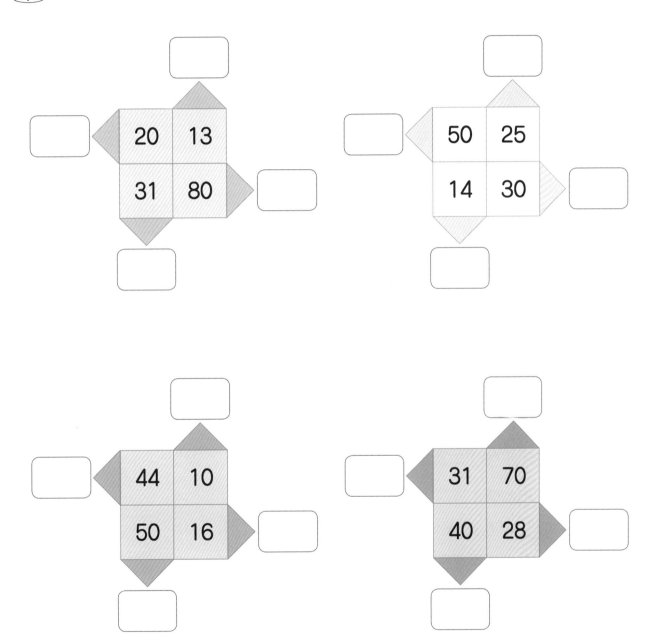

 다음 퍼즐을 완성하세요.

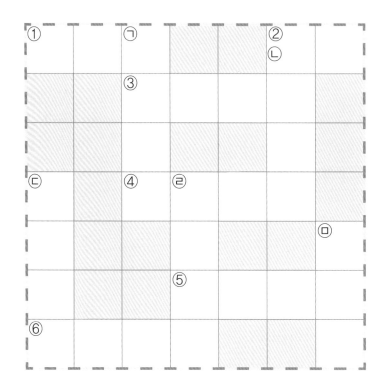

가로열쇠	세로열쇠
① 25×37	㉠ 92×63
② 두 자리 수 중 가장 작은 수	㉡ 각 자리 숫자가 같은 수
③ 각 자리의 숫자의 합이 8인 수	㉢ 천의 자리 숫자에서 일의 자리 숫자로 갈수록 2씩 작아지는 홀수
④ 699×9	
⑤ 85×64	㉣ 24×98
⑥ 43×24	㉤ 세 자리 수 중 세 번째로 작은 수

문장제

 다음을 읽고 알맞은 곱셈식을 쓰고, 답을 구하세요.

과수원에서 수확한 과일을 포장했습니다. 감이 25개씩 30상자가 있고, 포도가 42개씩 3상자가 있습니다. 과수원에서 수확한 감과 포도는 모두 몇 개일까요?

식 : $25 \times 30 = 750$, $42 \times 3 = 126$, $750 + 126 = 876$

 개

강당에 23명이 앉을 수 있는 긴 의자가 26개 있습니다. 한 명씩 앉을 수 있는 의자 15개가 더 있다면 강당에 있는 의자에는 모두 몇 명이 앉을 수 있을까요?

식 :

 명

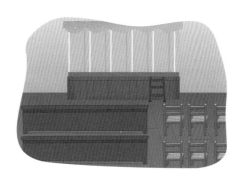

 다음을 읽고 알맞은 곱셈식을 쓰고, 답을 구하세요.

연경이네 학교 3학년은 38명씩 11개 반입니다. 그 중에서 7명이 다른 학교로 전학을 갔습니다. 연경이네 학교 3학년은 몇 명일까요?

식 : _____

명

성희는 매일 저녁 윗몸일으키기를 25번씩 합니다. 12일 동안 윗몸일으키기를 한다면 모두 몇 번을 할까요?

식 : _____

번

다음을 읽고 알맞은 곱셈식을 쓰고, 답을 구하세요.

껌이 한 상자에 50통씩 들어 있습니다. 가게에는 껌 12상자와 10통이 있습니다. 가게에 있는 껌은 모두 몇 통일까요?

식 :

 통

준하네 학교에는 20개의 교실이 있습니다. 각 교실에는 26개의 책상이 있습니다. 준하네 학교 교실에 있는 책상은 모두 몇 개일까요?

식 :

 개

한 시간 동안 컴퓨터를 34대 만드는 공장에서 12시간 동안 컴퓨터를 만들었습니다. 그 중 불량품이 6대가 나와 버렸다면, 이 공장에서 12시간 동안 만들어 완성된 컴퓨터는 모두 몇 대일까요?

식 :

 대

 다음을 읽고 알맞은 곱셈식을 쓰고, 답을 구하세요.

수연이가 선물을 포장하려고 합니다. 선물을 포장하는 데 33cm짜리 리본 19개와 15cm짜리 리본 8개가 필요합니다. 선물을 포장하는 데 필요한 리본은 모두 몇 cm일 까요?

식 :

☐ cm

과일이 들어 있는 상자 하나의 무게가 24kg입니다. 같은 상자 40개의 무게는 몇 kg 일까요?

식 :

☐ kg

동규는 과학책을 하루에 17쪽씩 읽었습니다. 18일 동안 읽었더니 책이 7쪽 남았습니 다. 동규가 읽고 있는 과학책은 모두 몇 쪽짜리인 책일까요?

식 :

☐ 쪽

소마셈 C2 - 3주차

규칙과 곱셈

1 일 차 약속

 다음 도형이 나타내는 규칙에 맞게 계산해 보세요.

규칙   ㉠ ◎ ㉡ = (㉠ × ㉡) + (㉠ + ㉡)

20 ◎ 7 = (20 × 7) + (20 + 7)
　　　 = 140 + 27
　　　 = 167

36 ◎ 4 =

규칙   ㉠ ★ ㉡ = ㉠ × ㉡ × 5

34 ★ 3 =

51 ★ 2 =

 TIP

앞에서부터 차례로 계산하고, (　)가 있는 경우에는 (　) 안을 가장 먼저 계산한 후 앞에서 부터 차례로 계산합니다.

다음 도형이 나타내는 규칙에 맞게 계산해 보세요.

규칙   ㉠ ◆ ㉡ = ㉠ × ㉡ − 8

18 ◆ 9 =

23 ◆ 6 =

규칙   ㉠ ▣ ㉡ = (㉠ × ㉡) − (㉠ − ㉡)

46 ▣ 3 =

60 ▣ 5 =

규칙   ㉠ ♥ ㉡ = (㉠ × ㉡) − (㉠ + 7)

9 ♥ 23 =

43 ♥ 5 =

규칙 찾기

🌱 규칙을 찾아 ☐ 안에 알맞은 수를 써넣으세요.

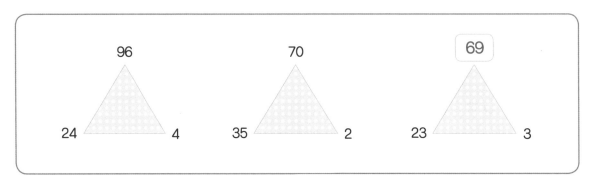

96
24   4

70
35   2

69
23   3

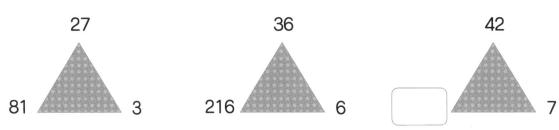

27
81   3

36
216   6

42
☐   7

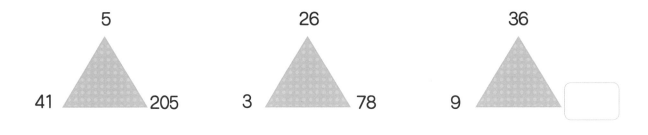

5
41   205

26
3   78

36
9   ☐

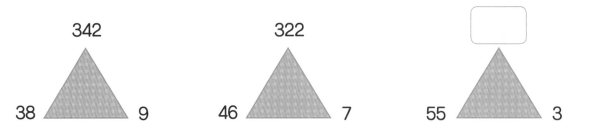

342
38   9

322
46   7

☐
55   3

규칙을 찾아 □ 안에 알맞은 수를 써넣으세요.

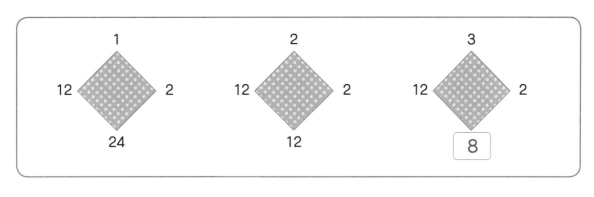

1
12 · 2
24

2
12 · 2
12

3
12 · 2
8

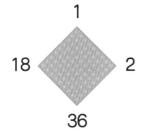

1
18 · 2
36

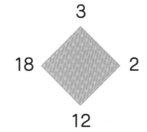

3
18 · 2
12

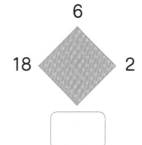

6
18 · 2
□

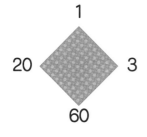

1
20 · 3
60

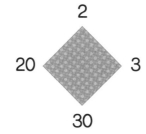

2
20 · 3
30

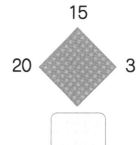

15
20 · 3
□

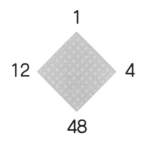

1
12 · 4
48

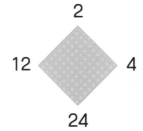

2
12 · 4
24

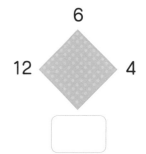

6
12 · 4
□

 규칙을 찾아 □ 안에 알맞은 수를 써넣으세요.

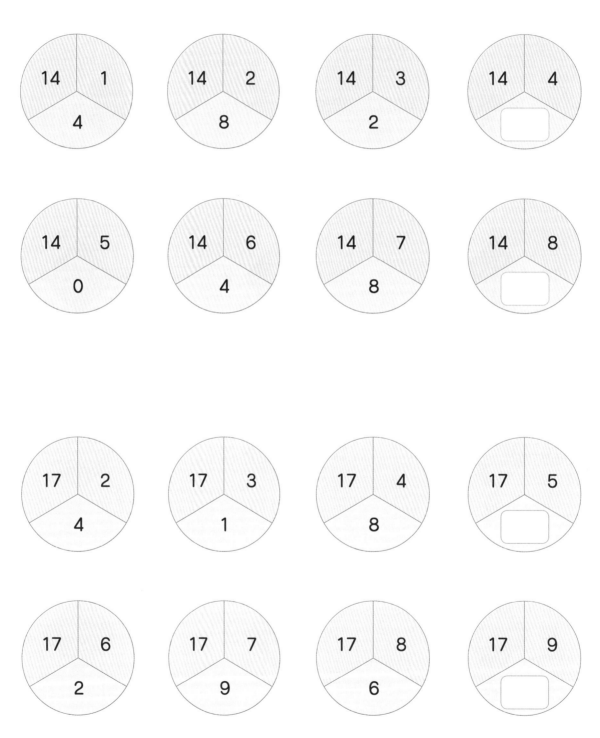

소마셈 – C2

벌레 먹은 곱셈 (1)

 빈칸에 알맞은 수를 써넣으세요.

```
    2 7 6
  ×     2
  -------
    5 5 2
```

```
      6
  ×     3
  -------
    4   5
```

```
    5 4
  ×     3
  -------
  1     6
```

```
      5
  ×     7
  -------
  1 7 9 2
```

```
    2 4 2
  ×
  -------
  1   9 4
```

```
      5
  ×     6
  -------
  1 5 3 0
```

```
    3 1 5
  ×
  -------
  1   6 0
```

```
      0 9
  ×
  -------
    8 3 6
```

```
    6 5
  ×     4
  -------
  2   1 6
```

빈칸에 알맞은 수를 써넣으세요.

```
      □ 0 7            4 6 □            5 6 □
  ×       □        ×       9        ×       4
  -----------      -----------      -----------
    3 0 4 2          4 □ □ 0          2 □ 6 0
```

```
      1 1 4              □ 5 □            □ 5 □
  ×       □        ×       8        ×       7
  -----------      -----------      -----------
    1 □ 2 6          1 2 2 4          1 7 □ 4
```

```
      4 6 7              □ 2 □            3 2 3
  ×       □        ×       4        ×       □
  -----------      -----------      -----------
    1 □ 0 1          0 9 6            2 □ 6 1
```

벌레 먹은 곱셈 (2)

4 일 차

 빈칸에 알맞은 수를 써넣으세요.

```
    2 6          ?  6          2  ?
×   6 0        ×  7 0        × 5  0
-------        -------        -------
1 5 6 0        ?  9 2 0      ?  1 0 0
```

```
      8            5            4
×     ? 0      ×   4 0      ×   9 0
-------        -------        -------
1 6 2 0        1  2 0        3  8 0
```

```
    4              5            9 4
×   5 0        ×   2 0      ×     ? 0
-------        -------        -------
2 3 0          5 0 0        2  2 0
```

빈칸에 알맞은 수를 써넣으세요.

3
× 0
2 1 5 0

2
× 7 0
6 1 0

4
× 9 0
6 6 0

3
× 8 0
3 2 0

3
× 6 0
2 0 0

4 7
× 0
1 1 0

8 9
× 0
5 4 0

3
× 0
4 4 1 0

7
× 2 0
5 0 0

도형이 나타내는 수

 다음 도형이 나타내는 알맞은 수를 구하고, 빈칸에 써넣으세요.

$$
\begin{array}{cccc}
 & & 3 & 6 \\
\times & & 5 & ☆(7) \\
\hline
 & 2 & 5 & 2 \\
1 & ♥(8) & 0 & \\
\hline
2 & ◈(0) & 5 & 2 \\
\end{array}
$$

☆(7) + ♥(8) + ◈(0) = ☐ 15

$$
\begin{array}{cccc}
 & & 3 & ☆ \\
\times & & 4 & 5 \\
\hline
 & 1 & 6 & 0 \\
1 & 2 & ♥ & \\
\hline
1 & 4 & ◈ & 0 \\
\end{array}
$$

☆ × ♥ × ◈ = ☐

$$
\begin{array}{cccc}
 & & 1 & 6 \\
\times & & ☆ & 4 \\
\hline
 & & 6 & 4 \\
♥ & 4 & 4 & \\
\hline
1 & ◈ & 0 & 4 \\
\end{array}
$$

☆ × ♥ × ◈ = ☐

$$
\begin{array}{cccc}
 & & 6 & ☆ \\
\times & & 4 & 3 \\
\hline
 & 2 & 0 & 1 \\
2 & ♥ & 8 & \\
\hline
◈ & 8 & 8 & 1 \\
\end{array}
$$

☆ + ♥ + ◈ = ☐

다음 도형이 나타내는 알맞은 수를 구하고, 빈칸에 써넣으세요.

$$
\begin{array}{r}
\bigstar\ 4 \\
\times\ \ \ 6\ 5 \\
\hline
1\ 2\ 0 \\
1\ \heartsuit\ 4 \\
\hline
1\ \blacklozenge\ 6\ 0 \\
\end{array}
$$

☆ × ♥ × ◆ = □

$$
\begin{array}{r}
\bigstar\ 5 \\
\times\ \ \ 6\ 8 \\
\hline
2\ 0\ 0 \\
1\ \heartsuit\ 0 \\
\hline
1\ \blacklozenge\ 0\ 0 \\
\end{array}
$$

☆ × ♥ × ◆ = □

$$
\begin{array}{r}
2\ 8 \\
\times\ \ \ 3\ \bigstar \\
\hline
1\ \heartsuit\ 0 \\
8\ 4 \\
\hline
9\ \blacklozenge\ 0 \\
\end{array}
$$

☆ + ♥ - ◆ = □

$$
\begin{array}{r}
5\ 6 \\
\times\ \ \ 3\ \bigstar \\
\hline
4\ 4\ 8 \\
1\ \heartsuit\ 8 \\
\hline
\blacklozenge\ 1\ 2\ 8 \\
\end{array}
$$

☆ + ♥ - ◆ = □

 다음 도형이 나타내는 알맞은 수를 구하고, 빈칸에 써넣으세요.

```
      ⬤   4
  ×     4  ★
  ─────────────
        1  2  0
      ♥  6
  ─────────────
    1  ◆  8  0
```

⬤ + ★ + ♥ + ◆ = □

```
      ⬤   7
  ×     2  ★
  ─────────────
        3  2  9
      ♥  4
  ─────────────
    1  ◆  6  9
```

⬤ + ★ + ♥ - ◆ = □

```
      7   ⬤
  ×   ★   9
  ─────────────
      7  ♥  1
    2  3  7
  ─────────────
    3  ◆  8  1
```

⬤ + ★ + ♥ + ◆ = □

```
      ⬤   3
  ×   9   ★
  ─────────────
      1  ♥  1
    2  0  7
  ─────────────
    2  2  ◆  1
```

⬤ + ★ + ♥ - ◆ = □

소마셈 C2 - 4주차

곱셈식의 활용

쌓기나무의 개수

 쌓기나무를 상자모양으로 쌓았습니다. 사용한 쌓기나무의 개수를 구해보세요.

① 한 층에 있는 쌓기나무의 개수

= 5 × 3 = 15 개

② 전체 쌓기나무의 개수

= 15 × 3 = 45 개

① 한 층에 있는 쌓기나무의 개수

= ☐ × ☐ = ☐ 개

② 전체 쌓기나무의 개수

= ☐ × ☐ = ☐ 개

① 한 층에 있는 쌓기나무의 개수

= ☐ × ☐ = ☐ 개

② 전체 쌓기나무의 개수

= ☐ × ☐ = ☐ 개

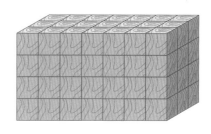

① 한 층에 있는 쌓기나무의 개수

= ☐ × ☐ = ☐ 개

② 전체 쌓기나무의 개수

= ☐ × ☐ = ☐ 개

쌓기나무를 상자모양으로 쌓았습니다. 사용한 쌓기나무의 개수를 구해보세요.

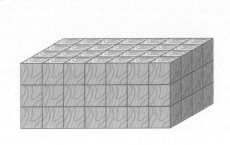

식 : 7×4=28 , 28×3=84

답 : 84 개

식 :

답 :

식 :

답 :

한 층에 있는 쌓기나무의 개수를 먼저 구하고, 쌓인 층수만큼 곱합니다.

쌓기나무를 상자모양으로 쌓았습니다. 사용한 쌓기나무의 개수를 구해보세요.

식 :

답 :

식 :

답 :

식 :

답 :

막대의 길이

 막대의 길이를 구해보세요.

| 4cm | 4cm | 4cm | 4cm | 12cm | 12cm |

식 : 4 × 4 = 16, 12 × 2 = 24, 16 + 24 = 40   답 : 40cm

| 8cm | 8cm | 8cm | 16cm | 16cm | 16cm | 16cm | 16cm |

식 :   답 :

| 9cm | 9cm | 9cm | 21cm | 21cm | 21cm | 21cm |

식 :   답 :

TIP

길이가 같은 막대가 몇 개씩 있는지 각각의 길이를 곱하여 구한 후, 두 결과를 더합니다.

🌱 막대의 길이를 구해보세요.

| 5cm | 5cm | 13cm | 13cm | 5cm | 13cm | 13cm | 13cm |

식 : $5 \times 3 = 15$, $13 \times 5 = 65$, $15 + 65 = 80$ 답 :

| 4cm | 4cm | 20cm | 20cm | 20cm | 20cm | 4cm | 4cm |

식 :   답 :

| 7cm | 15cm | 15cm | 7cm | 7cm | 7cm | 7cm | 15cm |

식 :   답 :

| 6cm | 6cm | 6cm | 6cm | 19cm | 19cm | 19cm | 6cm |

식 :   답 :

색 테이프를 겹쳐서 이어 붙였습니다. 이어 붙인 색 테이프의 전체 길이를 구해보세요.

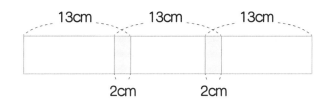

① 색 테이프 3장의 길이 = 13 × 3 = 39 cm

② 겹쳐진 부분의 길이 = 2 × 2 = 4 cm

③ 이어 붙인 색 테이프의 전체 길이 = 39 − 4 = 35 cm

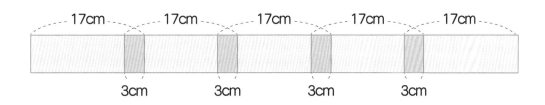

① 색 테이프 5장의 길이 = ☐ × ☐ = ☐ cm

② 겹쳐진 부분의 길이 = ☐ × ☐ = ☐ cm

③ 이어 붙인 색 테이프의 전체 길이 = ☐ − ☐ = ☐ cm

TIP

색 테이프 ☐장을 이어 붙이면 겹쳐진 부분은 (☐−1)군데입니다.

 색 테이프를 겹쳐서 이어 붙였습니다. 이어 붙인 색 테이프의 전체 길이를 구해보세요.

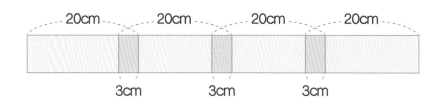

식 : $20 \times 4 = 80$, $3 \times 3 = 9$, $80 - 9 = 71$ 답 : 71cm

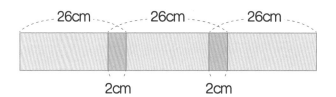

식 :   답 :

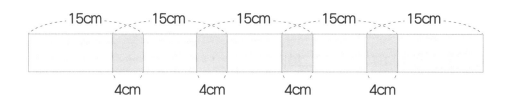

식 :   답 :

 색 테이프를 겹쳐서 이어 붙였습니다. 이어 붙인 색 테이프의 전체 길이를 구해보세요.

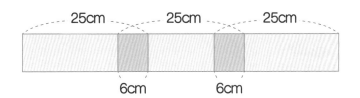

식 :

답 :

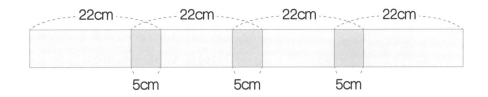

식 :

답 :

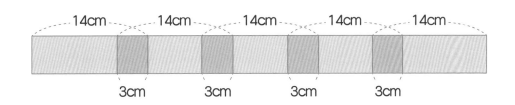

식 :

답 :

화살판의 점수

 주어진 화살판에서 화살을 한 개 더 맞혀 ▨▨ 안의 점수를 얻으려고 합니다. 어느 곳을 더 맞혀야 하는지 구하고, 화살판에 ×표 하세요.

81점

① 화살을 맞힌 화살판의 점수

= $\boxed{19}$ × $\boxed{3}$ = $\boxed{57}$ 점

② 주어진 점수를 얻기 위해 더 필요한 점수

= $\boxed{81}$ – $\boxed{57}$ = $\boxed{24}$ 점

136점

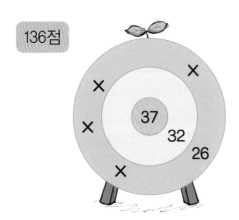

① 화살을 맞힌 화살판의 점수

= $\boxed{}$ × $\boxed{}$ = $\boxed{}$ 점

② 주어진 점수를 얻기 위해 더 필요한 점수

= $\boxed{}$ – $\boxed{}$ = $\boxed{}$ 점

556점

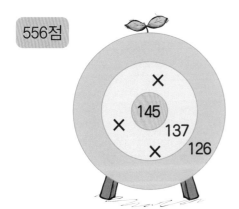

① 화살을 맞힌 화살판의 점수

= $\boxed{}$ × $\boxed{}$ = $\boxed{}$ 점

② 주어진 점수를 얻기 위해 더 필요한 점수

= $\boxed{}$ – $\boxed{}$ = $\boxed{}$ 점

주어진 화살판에서 화살을 한 개 더 맞혀 ▨ 안의 점수를 얻으려고 합니다. 어느 곳을 더 맞혀야 하는지 구하고, 화살판에 ✕표 하세요.

174점

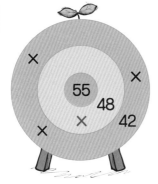

식 : $42 \times 3 = 126$, $174 - 126 = 48$

답 : 48 점

195점

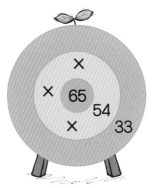

식 :

답 :

370점

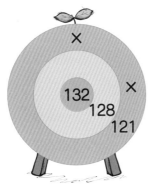

식 :

답 :

TIP

화살을 맞힌 화살판의 점수를 먼저 구해 놓고, 얻으려고 하는 점수에서 뺍니다.

주어진 화살판에서 화살을 한 개 더 맞혀 ███ 안의 점수를 얻으려고 합니다. 어느 곳을 더 맞혀야 하는지 구하고, 화살판에 ✕표 하세요.

109점

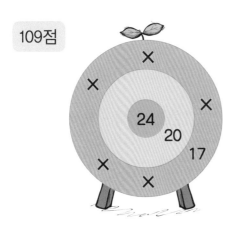

식 :

_____

답 :

_____

296점

식 :

_____

답 :

_____

436점

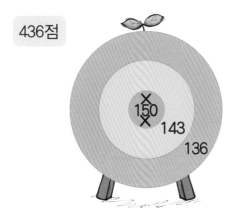

식 :

_____

답 :

_____

거리와 시간

 두 사람이 도로의 양쪽 끝에서 동시에 출발하여 몇 분 후에 만났습니다. 다음 글을 읽고, 이 도로의 길이를 구해보세요.

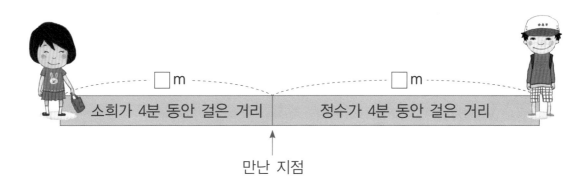

만난 지점

소희는 1분에 55m씩 걷고, 정수는 1분에 60m씩 걷습니다. 4분 후에 만났다면 이 도로의 길이는 몇 m일까요?

① 소희가 4분 동안 걸은 거리 = 55 × 4 = 220 m

② 정수가 4분 동안 걸은 거리 = 60 × 4 = 240 m

③ 도로의 길이 = 220 + 240 = 460 m

소희는 1분에 48m씩 걷고, 정수는 1분에 62m씩 걷습니다. 5분 후에 만났다면 이 도로의 길이는 몇 m일까요?

① 소희가 5분 동안 걸은 거리 = ☐ × ☐ = ☐ m

② 정수가 5분 동안 걸은 거리 = ☐ × ☐ = ☐ m

③ 도로의 길이 = ☐ + ☐ = ☐ m

 두 사람이 도로의 양쪽 끝에서 동시에 출발하여 몇 분 후에 만났습니다. 다음 글을 읽고, 이 도로의 길이를 구해보세요.

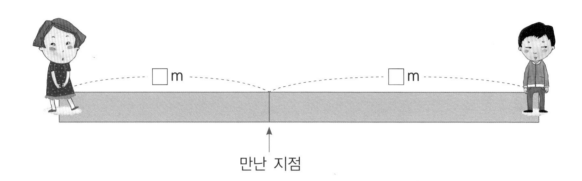

만난 지점

영주는 1분에 40m씩 걷고, 성수는 1분에 60m씩 걷습니다. 4분 후에 만났다면 이 도로의 길이는 몇 m일까요?

식 : $40 \times 4 = 160$, $60 \times 4 = 240$, $160 + 240 = 400$ 답 : 400 m

현주는 1분에 35m씩 걷고, 경호는 1분에 56m씩 걷습니다. 5분 후에 만났다면 이 도로의 길이는 몇 m일까요?

식 :

답 :

유라는 1분에 48m씩 걷고, 승호는 1분에 53m씩 걷습니다. 7분 후에 만났다면 이 도로의 길이는 몇 m일까요?

식 :

답 :

월

일

두 사람이 도로의 양쪽 끝에서 동시에 출발하여 몇 분 후에 만났습니다. 다음 글을 읽고, 이 도로의 길이를 구해보세요.

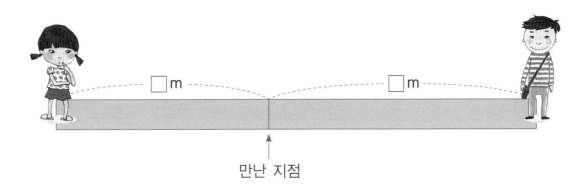

만난 지점

은수는 1분에 36m씩 걷고, 민규는 1분에 46m씩 걷습니다. 5분 후에 만났다면 이 도로의 길이는 몇 m일까요?

식 :

답 :

혜주는 1분에 49m씩 걷고, 경미는 1분에 62m씩 걷습니다. 3분 후에 만났다면 이 도로의 길이는 몇 m일까요?

식 :

답 :

예리는 1분에 53m씩 걷고, 정현이는 1분에 38m씩 걷습니다. 6분 후에 만났다면 이 도로의 길이는 몇 m일까요?

식 :

답 :

물건값과 거스름돈

 주어진 표와 같이 가격을 정하여 물건을 팝니다. 다음 글을 읽고, 얼마를 내야 하는지 구해보세요.

물건	연필 1자루	색연필 1자루	공책 1권	자 1개
가격	150원	234원	285원	312원

연필 2자루와 색연필 4자루를 사려고 합니다. 얼마를 내야 할까요?

① 연필 2자루의 가격 = 150 × 2 = 300 원

② 색연필 4자루의 가격 = 234 × 4 = 936 원

③ 필요한 금액 = 300 + 936 = 1236 원

공책 5권과 자 2개를 사려고 합니다. 얼마를 내야 할까요?

① 공책 5권의 가격 = ☐ × ☐ = ☐ 원

② 자 2개의 가격 = ☐ × ☐ = ☐ 원

③ 필요한 금액 = ☐ + ☐ = ☐ 원

주어진 표와 같이 가격을 정하여 물건을 팝니다. 다음 글을 읽고, 얼마를 내야 하는지 구해보세요.

물건	초콜렛 1개	사탕 1개	껌 1통	우유 1개
가격	265원	183원	142원	527원

초콜렛 2개와 껌 2통을 사려고 합니다. 얼마를 내야 할까요?

식 : $265 \times 2 = 530,\ 142 \times 2 = 284,\ 530 + 284 = 814$ 답 : 814 원

사탕 6개와 초콜렛 2개를 사려고 합니다. 얼마를 내야 할까요?

식 :

답 :

우유 2개와 사탕 3개를 사려고 합니다. 얼마를 내야 할까요?

식 :

답 :

껌 3통과 사탕 2개를 사려고 합니다. 얼마를 내야 할까요?

식 :

답 :

🌱 주어진 표와 같이 가격을 정하여 물건을 팝니다. 다음 글을 읽고, 받아야 하는 거스름돈이 얼마인지 구해보세요.

물건	✏️ 연필 1자루	🖍️ 색연필 1자루	📓 공책 1권	✒️ 자 1개
가격	53원	46원	131원	67원

연필 4자루와 공책 2권을 사고 500원을 냈습니다. 거스름돈은 얼마일까요?

① 연필 4자루의 가격 = 53 × 4 = 212 원

② 공책 2권의 가격 = 131 × 2 = 262 원

③ 연필 4자루와 공책 2권의 가격 = 212 + 262 = 474 원

④ 받아야 하는 거스름돈 = 500 - 474 = 26 원

자 2개와 색연필 3자루를 사고 300원을 냈습니다. 거스름돈은 얼마일까요?

① 자 2개의 가격 = ☐ × ☐ = ☐ 원

② 색연필 3자루의 가격 = ☐ × ☐ = ☐ 원

③ 자 2개와 색연필 3자루의 가격 = ☐ + ☐ = ☐ 원

④ 받아야 하는 거스름돈 = ☐ - ☐ = ☐ 원

 주어진 표와 같이 가격을 정하여 물건을 팝니다. 다음 글을 읽고, 받아야 하는 거스름돈이 얼마인지 구해보세요.

물건	🟤 초콜렛 1개	🍬 사탕 1개	GUM 껌 1통	🥛 우유 1개
가격	64원	57원	127원	213원

초콜렛 5개와 껌 2통을 사고 600원을 냈습니다. 거스름돈은 얼마일까요?

① 초콜렛 5개의 가격 = ☐ × ☐ = ☐ 원

② 껌 2통의 가격 = ☐ × ☐ = ☐ 원

③ 초콜렛 5개와 껌 2통의 가격 = ☐ + ☐ = ☐ 원

④ 받아야 하는 거스름돈 = ☐ − ☐ = ☐ 원

사탕 3개와 우유 3개를 사고 900원을 냈습니다. 거스름돈은 얼마일까요?

① 사탕 3개의 가격 = ☐ × ☐ = ☐ 원

② 우유 3개의 가격 = ☐ × ☐ = ☐ 원

③ 사탕 3개와 우유 3개의 가격 = ☐ + ☐ = ☐ 원

④ 받아야 하는 거스름돈 = ☐ − ☐ = ☐ 원

보충학습

Drill

(두 자리 수)×(두 자리 수) (1)

빈칸에 알맞은 수를 써넣으세요.

19 × 23 = ☐

×	10	9
20		
3		

16 × 17 = ☐

×	10	6
10		
7		

24 × 18 = ☐

×	20	4
10		
8		

18 × 33 = ☐

×	10	8
30		
3		

21 × 37 = ☐

×	20	1
30		
7		

15 × 45 = ☐

×	10	5
40		
5		

빈칸에 알맞은 수를 써넣으세요.

28 × 24 = [   ]

×	20	8
20		
4		

16 × 36 = [   ]

×	10	6
30		
6		

28 × 32 = [   ]

×	20	8
30		
2		

37 × 16 = [   ]

×	30	7
10		
6		

18 × 54 = [   ]

×	10	8
50		
4		

32 × 45 = [   ]

×	30	2
40		
5		

빈칸에 알맞은 수를 써넣으세요.

```
      2 4
  ×   3 8
  ┌─────────┐
  │         │
  └─────────┘
┌───────────┐
│           │
└───────────┘
┌───────────┐
│           │
└───────────┘
```

```
      1 9
  ×   4 5
  ┌─────────┐
  │         │
  └─────────┘
┌───────────┐
│           │
└───────────┘
┌───────────┐
│           │
└───────────┘
```

```
      2 2
  ×   6 4
  ┌─────────┐
  │         │
  └─────────┘
┌───────────┐
│           │
└───────────┘
┌───────────┐
│           │
└───────────┘
```

```
      3 5
  ×   2 6
  ┌─────────┐
  │         │
  └─────────┘
┌───────────┐
│           │
└───────────┘
┌───────────┐
│           │
└───────────┘
```

```
      1 9
  ×   2 8
  ┌─────────┐
  │         │
  └─────────┘
┌───────────┐
│           │
└───────────┘
┌───────────┐
│           │
└───────────┘
```

```
      3 2
  ×   3 4
  ┌─────────┐
  │         │
  └─────────┘
┌───────────┐
│           │
└───────────┘
┌───────────┐
│           │
└───────────┘
```

```
      2 7
  ×   5 2
  ┌─────────┐
  │         │
  └─────────┘
┌───────────┐
│           │
└───────────┘
┌───────────┐
│           │
└───────────┘
```

```
      4 8
  ×   1 4
  ┌─────────┐
  │         │
  └─────────┘
┌───────────┐
│           │
└───────────┘
┌───────────┐
│           │
└───────────┘
```

```
      2 5
  ×   3 5
  ┌─────────┐
  │         │
  └─────────┘
┌───────────┐
│           │
└───────────┘
┌───────────┐
│           │
└───────────┘
```

빈칸에 알맞은 수를 써넣으세요.

```
      1 8              2 4              4 5
   ×  3 7           ×  2 7           ×  1 6
   ┌─────────┐      ┌─────────┐      ┌─────────┐
   └─────────┘      └─────────┘      └─────────┘
 ┌─────────┐      ┌─────────┐      ┌─────────┐
 └─────────┘      └─────────┘      └─────────┘
 ┌─────────┐      ┌─────────┐      ┌─────────┐
 └─────────┘      └─────────┘      └─────────┘


      2 9              3 7              5 5
   ×  3 4           ×  4 1           ×  1 8
   ┌─────────┐      ┌─────────┐      ┌─────────┐
   └─────────┘      └─────────┘      └─────────┘
 ┌─────────┐      ┌─────────┐      ┌─────────┐
 └─────────┘      └─────────┘      └─────────┘
 ┌─────────┐      ┌─────────┐      ┌─────────┐
 └─────────┘      └─────────┘      └─────────┘


      2 8              3 3              6 3
   ×  4 5           ×  3 7           ×  1 7
   ┌─────────┐      ┌─────────┐      ┌─────────┐
   └─────────┘      └─────────┘      └─────────┘
 ┌─────────┐      ┌─────────┐      ┌─────────┐
 └─────────┘      └─────────┘      └─────────┘
 ┌─────────┐      ┌─────────┐      ┌─────────┐
 └─────────┘      └─────────┘      └─────────┘
```

각 자리의 위치를 맞추어 빈칸에 알맞은 수를 써넣으세요.

```
      2 3
  ×   5 7
  ─────────
    1 6 1
  1 1 5
  ─────────
  1 3 1 1
```

```
      1 6
  ×   2 8
  ─────────
```

```
      2 5
  ×   3 4
  ─────────
```

```
      2 7
  ×   2 1
  ─────────
```

```
      1 9
  ×   3 7
  ─────────
```

```
      5 2
  ×   2 4
  ─────────
```

```
      3 4
  ×   3 4
  ─────────
```

```
      4 1
  ×   2 5
  ─────────
```

```
      2 8
  ×   3 5
  ─────────
```

각 자리의 위치를 맞추어 빈칸에 알맞은 수를 써넣으세요.

		4	6
×		1	2

		1	8
×		2	3

		1	9
×		5	5

		2	3
×		1	7

		3	2
×		3	5

		1	8
×		7	7

		4	4
×		2	3

		5	0
×		1	8

		3	2
×		4	5

각 자리의 위치를 맞추어 빈칸에 알맞은 수를 써넣으세요.

```
      1 6
  ×   2 5
  ─────────
```

```
      1 8
  ×   1 9
  ─────────
```

```
      2 2
  ×   3 7
  ─────────
```

```
      2 4
  ×   2 5
  ─────────
```

```
      3 1
  ×   3 2
  ─────────
```

```
      4 9
  ×   2 2
  ─────────
```

```
      1 8
  ×   4 7
  ─────────
```

```
      2 6
  ×   5 2
  ─────────
```

```
      3 0
  ×   4 6
  ─────────
```

각 자리의 위치를 맞추어 빈칸에 알맞은 수를 써넣으세요.

<table>
<tr><td>

```
      1 8
  ×   8 1
  ─────────
```

</td><td>

```
      1 6
  ×   2 6
  ─────────
```

</td><td>

```
      2 7
  ×   3 4
  ─────────
```

</td></tr>
<tr><td>

```
      3 4
  ×   2 6
  ─────────
```

</td><td>

```
      4 6
  ×   3 7
  ─────────
```

</td><td>

```
      3 2
  ×   3 7
  ─────────
```

</td></tr>
<tr><td>

```
      5 9
  ×   2 2
  ─────────
```

</td><td>

```
      4 7
  ×   1 7
  ─────────
```

</td><td>

```
      5 0
  ×   3 8
  ─────────
```

</td></tr>
</table>

3주차 · 규칙과 곱셈

빈칸에 알맞은 수를 써넣으세요.

```
  □ 2 □          4 8 □          □ 2 □
×     3        ×     3        ×     3
-------        -------        -------
3 □ 5          1 □ □ 6        3 □ 8
```

```
  3 1 2          □ 8 □          □ 2 □
×     □        ×     6        ×     7
-------        -------        -------
2 □ 8 4        1 1 1 0        1 5 8 2
```

```
  □ 1 9          5 9 □          4 0 5
×     □        ×     4        ×     □
-------        -------        -------
8 7 6          □ □ 7 6        1 □ 2 0
```

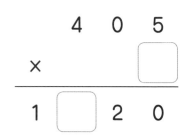

빈칸에 알맞은 수를 써넣으세요.

```
      3 □              □ 5              1 4
 ×    4 0         ×    7 0         ×  □   0
 ─────────        ─────────        ─────────
 □  4 4 0         □  8 5 0         1 □ 2 0
```

```
      3 2              □ 5              3 □
 ×  □   0         ×    3 0         ×    5 0
 ─────────        ─────────        ─────────
 1 6 □ 0          □  2 5 0         □  7 0 0
```

```
      □ 8              4 □              5 □
 ×  □   0         ×    4 0         ×    9 0
 ─────────        ─────────        ─────────
 1 5 2 0          □  7 2 0         4 □ 8 0
```

다음 도형이 나타내는 알맞은 수를 구하고, 빈칸에 써넣으세요.

$$
\begin{array}{ccc}
 & 5 & 4 \\
\times & 3 & \bigstar \\
\hline
3 & \heartsuit & 4 \\
1\,6 & 2 & \\
\hline
1\,9 & \blacklozenge & 4
\end{array}
$$

★ + ♥ + ◆ = ☐

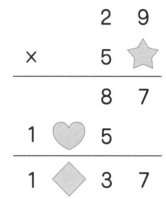

$$
\begin{array}{ccc}
 & 2 & 9 \\
\times & 5 & \bigstar \\
\hline
 & 8 & 7 \\
1 & \heartsuit & 5 \\
\hline
1 & \blacklozenge\,3 & 7
\end{array}
$$

★ + ♥ + ◆ = ☐

$$
\begin{array}{cccc}
 & & 2 & 6 \\
 & \times & \bigstar & 6 \\
\hline
 & 1 & 5 & 6 \\
\heartsuit & 8 & 2 & \\
\hline
1 & \blacklozenge & 7 & 6
\end{array}
$$

★ × ♥ × ◆ = ☐

$$
\begin{array}{cccc}
 & & 7 & \bigstar \\
 & \times & 4 & 3 \\
\hline
 & 2 & 3 & 4 \\
3 & \heartsuit & 2 & \\
\hline
\blacklozenge & 3 & 5 & 4
\end{array}
$$

★ × ♥ × ◆ = ☐

다음 도형이 나타내는 알맞은 수를 구하고, 빈칸에 써넣으세요.

```
        ● 7                        ● 2
   ×    4 ♥                   ×    3 ♥
   ─────────                  ───────────
        8 1                      4 6 8
   1  ◆  8                    1 5 ◆
   ─────────                  ───────────
   1  ★  6 1                  2  ★  2 8
```

●＋♥＋◆＋★＝[   ]

```
      8 ●                          ● 6
  ×   ♥ 4                     ×    7 ♥
  ─────────                   ───────────
    ◆ 3 6                       1 8 0
  8 4                          ◆ 5 2
  ─────────                   ───────────
  1 1 ★ 6                     2 7  ★  0
```

●×♥×◆×★＝[   ]   ●＋♥＋◆＋★＝[   ]

곱셈식의 활용

막대의 길이를 구해보세요.

| 4cm | 4cm | 4cm | 15cm | 15cm | 15cm | 15cm |

식 :

답 :

| 6cm | 6cm | 14cm | 14cm | 6cm | 6cm | 14cm |

식 :

답 :

| 21cm | 21cm | 3cm | 3cm | 3cm | 3cm | 3cm | 21cm |

식 :

답 :

| 8cm | 8cm | 8cm | 12cm | 12cm | 12cm | 8cm |

식 :

답 :

색테이프를 겹쳐서 이어 붙였습니다. 이어 붙인 색 테이프의 전체 길이를 구해보세요.

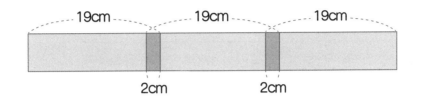

식 :

답 :

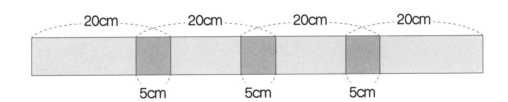

식 :

답 :

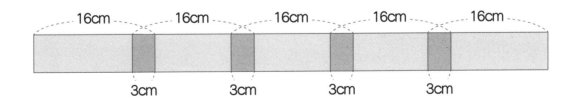

식 :

답 :

주어진 표와 같이 가격을 정하여 물건을 팝니다. 다음 글을 읽고, 얼마를 내야 하는지 구해 보세요.

물건	연필 1자루	색연필 1자루	공책 1권	자 1개
가격	125원	167원	230원	322원

공책 3권과 색연필 2자루를 사려고 합니다. 얼마를 내야 할까요?

① 공책 3권의 가격 = ⬜ × ⬜ = ⬜ 원

② 색연필 2자루의 가격 = ⬜ × ⬜ = ⬜ 원

③ 필요한 금액 = ⬜ + ⬜ = ⬜ 원

연필 2자루와 자 2개를 사려고 합니다. 얼마를 내야 할까요?

① 연필 2자루의 가격 = ⬜ × ⬜ = ⬜ 원

② 자 2개의 가격 = ⬜ × ⬜ = ⬜ 원

③ 필요한 금액 = ⬜ + ⬜ = ⬜ 원

주어진 표와 같이 가격을 정하여 물건을 팝니다. 다음 글을 읽고, 얼마를 내야 하는지 구해 보세요.

물건	초콜렛 1개	사탕 1개	껌 1통	과자 1봉지
가격	187원	166원	250원	438원

사탕 2개와 껌 2통을 사려고 합니다. 얼마를 내야 할까요?

식 :

답 :

초콜렛 2개와 사탕 3개를 사려고 합니다. 얼마를 내야 할까요?

식 :

답 :

과자 2봉지와 초콜렛 3개를 사려고 합니다. 얼마를 내야 할까요?

식 :

답 :

껌 3통과 사탕 2개를 사려고 합니다. 얼마를 내야 할까요?

식 :

답 :

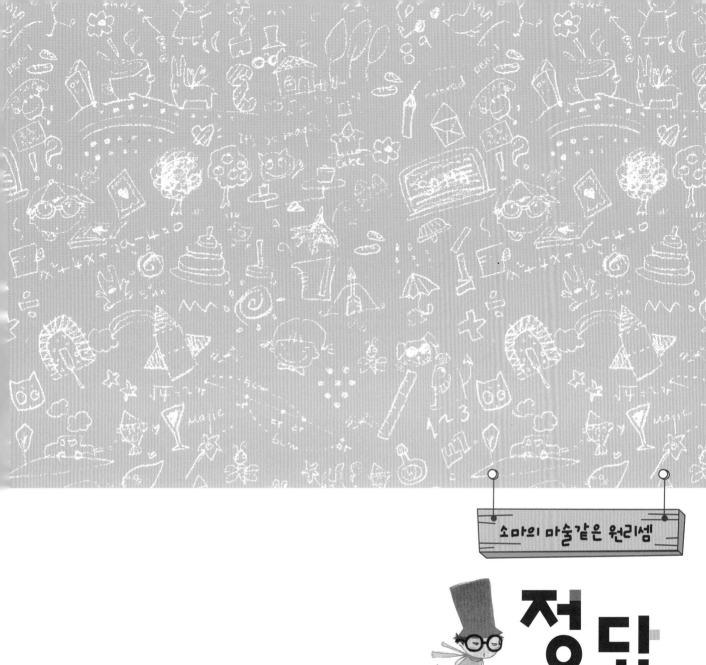

정답

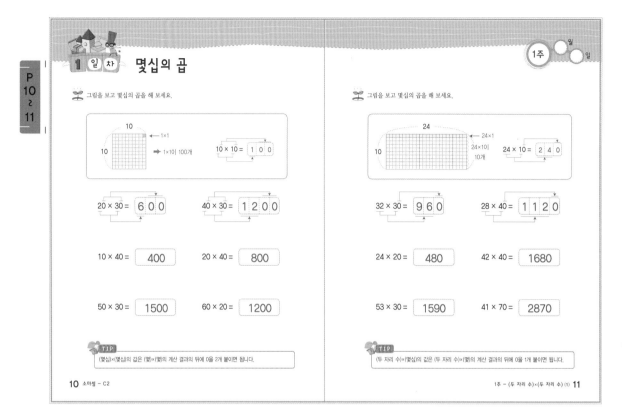

1 일 차 몇십의 곱

그림을 보고 몇십의 곱을 해 보세요.

$10 \times 10 = \boxed{1\,0\,0}$

$20 \times 30 = \boxed{6\,0\,0}$ $40 \times 30 = \boxed{1\,2\,0\,0}$

$10 \times 40 = \boxed{400}$ $20 \times 40 = \boxed{800}$

$50 \times 30 = \boxed{1500}$ $60 \times 20 = \boxed{1200}$

TIP
(몇십)×(몇십)의 값은 (몇)×(몇)의 계산 결과 뒤에 0을 2개 붙이면 됩니다.

10 소마셈 – C2

그림을 보고 몇십의 곱을 해 보세요.

$24 \times 10 = \boxed{2\,4\,0}$

$32 \times 30 = \boxed{9\,6\,0}$ $28 \times 40 = \boxed{1\,1\,2\,0}$

$24 \times 20 = \boxed{480}$ $42 \times 40 = \boxed{1680}$

$53 \times 30 = \boxed{1590}$ $41 \times 70 = \boxed{2870}$

TIP
(두 자리 수)×(몇십)의 값은 (두 자리 수)×(몇)의 계산 결과의 뒤에 0을 1개 붙이면 됩니다.

1주 – (두 자리 수)×(두 자리 수) (1) 11

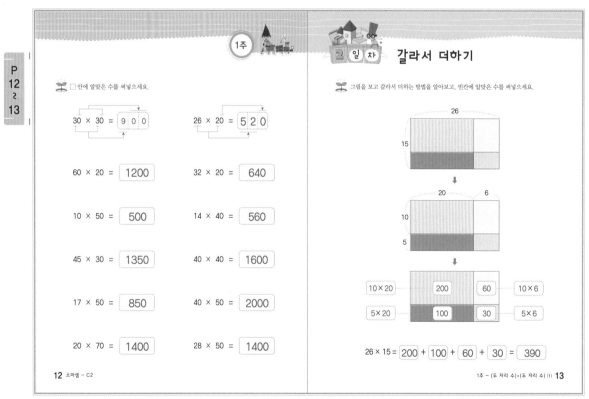

□ 안에 알맞은 수를 써넣으세요.

$30 \times 30 = \boxed{9\,0\,0}$ $26 \times 20 = \boxed{5\,2\,0}$

$60 \times 20 = \boxed{1200}$ $32 \times 20 = \boxed{640}$

$10 \times 50 = \boxed{500}$ $14 \times 40 = \boxed{560}$

$45 \times 30 = \boxed{1350}$ $40 \times 40 = \boxed{1600}$

$17 \times 50 = \boxed{850}$ $40 \times 50 = \boxed{2000}$

$20 \times 70 = \boxed{1400}$ $28 \times 50 = \boxed{1400}$

12 소마셈 – C2

2 일 차 갈라서 더하기

그림을 보고 갈라서 더하는 방법을 알아보고, 빈칸에 알맞은 수를 써넣으세요.

10×20 $\boxed{200}$ $\boxed{60}$ 10×6

5×20 $\boxed{100}$ $\boxed{30}$ 5×6

$26 \times 15 = \boxed{200} + \boxed{100} + \boxed{60} + \boxed{30} = \boxed{390}$

1주 – (두 자리 수)×(두 자리 수) (1) 13

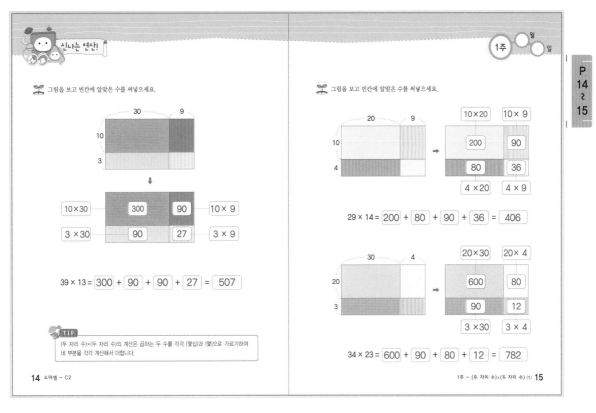

신나는 연산!

그림을 보고 빈칸에 알맞은 수를 써넣으세요.

10×30 — 300 — 90 — 10×9
3×30 — 90 — 27 — 3×9

$39 \times 13 = \boxed{300} + \boxed{90} + \boxed{90} + \boxed{27} = \boxed{507}$

TIP
(두 자리 수)×(두 자리 수)의 계산은 곱하는 두 수를 각각 (몇십)과 (몇)으로 가르기하여 네 부분을 각각 계산해서 더합니다.

14 소마셈 – C2

1주 월 일

그림을 보고 빈칸에 알맞은 수를 써넣으세요.

10×20 10×9
200 — 90
80 — 36
4×20 4×9

$29 \times 14 = \boxed{200} + \boxed{80} + \boxed{90} + \boxed{36} = \boxed{406}$

20×30 20×4
600 — 80
90 — 12
3×30 3×4

$34 \times 23 = \boxed{600} + \boxed{90} + \boxed{80} + \boxed{12} = \boxed{782}$

1주 – (두 자리 수)×(두 자리 수) (1) 15

P 14 ∼ 15

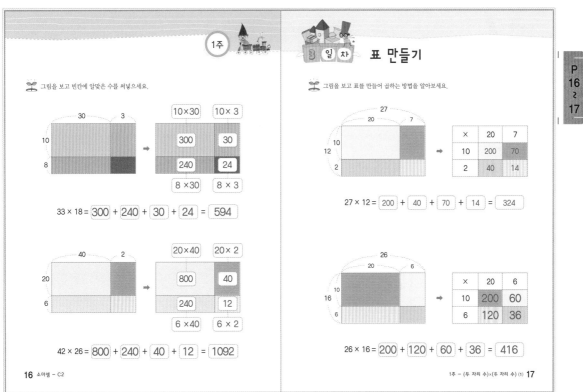

1주

그림을 보고 빈칸에 알맞은 수를 써넣으세요.

10×30 10×3
300 — 30
240 — 24
8×30 8×3

$33 \times 18 = \boxed{300} + \boxed{240} + \boxed{30} + \boxed{24} = \boxed{594}$

20×40 20×2
800 — 40
240 — 12
6×40 6×2

$42 \times 26 = \boxed{800} + \boxed{240} + \boxed{40} + \boxed{12} = \boxed{1092}$

16 소마셈 – C2

3 일 차 표 만들기

그림을 보고 표를 만들어 곱하는 방법을 알아보세요.

×	20	7
10	200	70
2	40	14

$27 \times 12 = \boxed{200} + \boxed{40} + \boxed{70} + \boxed{14} = \boxed{324}$

×	20	6
10	200	60
6	120	36

$26 \times 16 = \boxed{200} + \boxed{120} + \boxed{60} + \boxed{36} = \boxed{416}$

1주 – (두 자리 수)×(두 자리 수) (1) 17

P 16 ∼ 17

신나는 연산!

1주 월 일

빈칸에 알맞은 수를 써넣으세요.

24 × 23 = [552]

×	20	4
20	400	80
3	60	12

400+60+80+12=552

17 × 19 = [323]

×	10	7
10	100	70
9	90	63

빈칸에 알맞은 수를 써넣으세요.

27 × 21 = [567]

×	20	7
20	400	140
1	20	7

14 × 32 = [448]

×	10	4
30	300	120
2	20	8

25 × 14 = [350]

×	20	5
10	200	50
4	80	20

18 × 22 = [396]

×	10	8
20	200	160
2	20	16

26 × 23 = [598]

×	20	6
20	400	120
3	60	18

37 × 15 = [555]

×	30	7
10	300	70
5	150	35

28 × 27 = [756]

×	20	8
20	400	160
7	140	56

16 × 31 = [496]

×	10	6
30	300	180
1	10	6

19 × 52 = [988]

×	10	9
50	500	450
2	20	18

37 × 32 = [1184]

×	30	7
30	900	210
2	60	14

---

 4 일 차 세로셈 (1)

1주 월 일

각 자리의 위치를 맞추어 빈칸에 알맞은 수를 써넣으세요.

```
    5 2        5 2          5 2
 ×  4 6     ×  4 6       ×  4 6
 ───────    ───────      ───────
    3 1 2      3 1 2        3 1 2  ←(52×6)
               2 0 8        2 0 8  ←(52×40)
                          ─────────
                          2 3 9 2
```

```
    3 5        3 5          3 5
 ×  4 7  →  ×  4 7   →   ×  4 7
 ───────    ───────      ───────
  [2 4 5]    [2 4 5]      [2 4 5]
            [1 4 0]      [1 4 0]
                        ─────────
                        [1 6 4 5]
```

```
    2 6        2 6          2 6
 ×  3 9  →  ×  3 9   →   ×  3 9
 ───────    ───────      ───────
  [2 3 4]    [2 3 4]      [2 3 4]
              [7 8]        [7 8]
                        ─────────
                        [1 0 1 4]
```

빈칸에 알맞은 수를 써넣으세요.

```
    4 1           2 3          3 2
 ×  3 7        ×  4 5       ×  7 2
 ───────       ───────      ───────
  [2 8 7] ←(41×7)  [1 1 5]      [6 4]
  [1 2 3] ←(41×30) [9 2]        [2 2 4]
 ─────────     ─────────    ─────────
  [1 5 1 7]     [1 0 3 5]    [2 3 0 4]
```

```
    3 5           2 9          3 5
 ×  1 6        ×  2 6       ×  3 7
 ───────       ───────      ───────
  [2 1 0]       [1 7 4]      [2 4 5]
  [3 5]         [5 8]        [1 0 5]
 ─────────     ─────────    ─────────
  [5 6 0]       [7 5 4]      [1 2 9 5]
```

```
    2 8           4 6          2 4
 ×  5 3        ×  1 5       ×  1 9
 ───────       ───────      ───────
  [8 4]         [2 3 0]      [2 1 6]
  [1 4 0]       [4 6]        [2 4]
 ─────────     ─────────    ─────────
  [1 4 8 4]     [6 9 0]      [4 5 6]
```

TIP

52×46에서 52×40=2080을 쓸 때, 곱의 일의 자리 숫자 0을 생략합니다. 이처럼 0을 생략할 때에는 십의 자리에 맞추어 곱을 쓰도록 주의합니다.

P 22 ~ 23

1주

빈칸에 알맞은 수를 써넣으세요.

```
    3 4          2 2          1 4
  ×  1 8       ×  3 8       ×  6 3
  [2 7 2]      [1 7 6]      [  4 2]
  [3 4]        [6 6]        [8 4]
  [6 1 2]      [8 3 6]      [8 8 2]
```

```
    3 7          1 8          1 3
  ×  3 2       ×  2 9       ×  5 7
  [  7 4]      [1 6 2]      [  9 1]
  [1 1 1]      [3 6]        [6 5]
  [1 1 8 4]    [5 2 2]      [7 4 1]
```

```
    4 3          2 3          5 4
  ×  1 6       ×  3 5       ×  2 7
  [2 5 8]      [1 1 5]      [3 7 8]
  [4 3]        [6 9]        [1 0 8]
  [6 8 8]      [8 0 5]      [1 4 5 8]
```

5 일차   세로셈 (2)

각 자리의 위치를 맞추어 빈칸에 알맞은 수를 써넣으세요.

```
    2 3          1 9          3 5
  ×  3 4       ×  3 2       ×  1 7
  [  9 2]      [  3 8]      [2 4 5]
  [6 9]        [5 7]        [3 5]
  [7 8 2]      [6 0 8]      [5 9 5]
```

```
    2 4          1 6          2 6
  ×  2 8       ×  1 8       ×  3 7
  [1 9 2]      [1 2 8]      [1 8 2]
  [4 8]        [1 6]        [7 8]
  [6 7 2]      [2 8 8]      [9 6 2]
```

```
    1 5          2 4          3 9
  ×  5 4       ×  2 4       ×  1 3
  [  6 0]      [  9 6]      [1 1 7]
  [7 5]        [4 8]        [3 9]
  [8 1 0]      [5 7 6]      [5 0 7]
```

1주   월   일

P 24

각 자리의 위치를 맞추어 빈칸에 알맞은 수를 써넣으세요.

```
    5 2          1 8          2 4
  ×  3 8       ×  (  )      ×  3 1
  [  4 1 6]    [1 4 4]      [2 4]
  [1 5 6]      [3 6]        [7 2]
  [1 9 7 6]    [5 0 4]      [7 4 4]
```

```
    2 7          4 4          5 1
  ×  1 2       ×  2 5       ×  1 4
  [  5 4]      [2 2 0]      [2 0 4]
  [2 7]        [8 8]        [5 1]
  [3 2 4]      [1 1 0 0]    [7 1 4]
```

```
    4 0          5 5          2 0
  ×  1 6       ×  1 1       ×  6 3
  [2 4 0]      [  5 5]      [  6 0]
  [4 0]        [5 5]        [1 2 0]
  [6 4 0]      [6 0 5]      [1 2 6 0]
```

1 일 차 세로셈 (3)

🌱 각 자리의 위치를 맞추어 빈칸에 알맞은 수를 써넣으세요.

```
    5 6          1 8          2 7
×   2 4      ×   3 5      ×   2 6
  2 2 4          9 0        1 6 2
1 1 2          5 4            5 4
1 3 4 4        6 3 0        7 0 2
```

```
    3 2          1 5          4 2
×   2 9      ×   1 6      ×   3 9
  2 8 8          9 0        3 7 8
6 4            1 5          1 2 6
9 2 8          2 4 0      1 6 3 8
```

```
    1 9          2 3          3 5
×   5 3      ×   2 5      ×   1 4
    5 7        1 1 5        1 4 0
9 5              4 6          3 5
1 0 0 7        5 7 5          4 9 0
```

🌱 각 자리의 위치를 맞추어 빈칸에 알맞은 수를 써넣으세요.

```
    4 1          1 7          2 8
×   3 7      ×   4 3      ×   3 5
  2 8 7          5 1        1 4 0
1 2 3          6 8          8 4
1 5 1 7        7 3 1        9 8 0
```

```
    2 6          1 6          6 2
×   2 6      ×   3 8      ×   1 7
  1 5 6        1 2 8        4 3 4
5 2            4 8          6 2
6 7 6          6 0 8      1 0 5 4
```

```
    5 3          4 0          2 9
×   2 4      ×   2 6      ×   3 2
  2 1 2        2 4 0          5 8
1 0 6          8 0          8 7
1 2 7 2      1 0 4 0        9 2 8
```

2 일 차 잘못된 식

🌱 다음과 같이 계산이 잘못된 곳을 찾아 표시하고, 답을 바르게 고쳐 보세요.

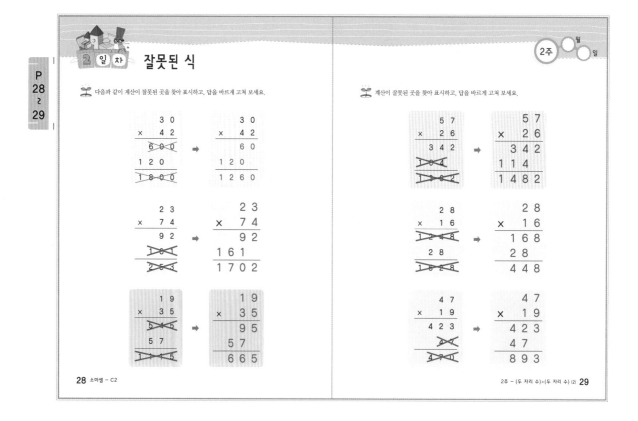

🌱 계산이 잘못된 곳을 찾아 표시하고, 답을 바르게 고쳐 보세요.

3 일차 곱셈식 만들기

P 30 ~ 31

숫자 카드를 모두 사용하여 곱셈식을 완성하세요.

숫자 카드를 모두 사용하여 곱셈식을 완성하세요.

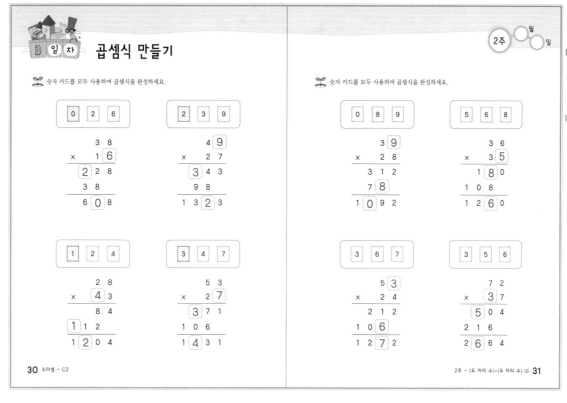

30 소마셈 – C2

2주 – (두 자리 수)×(두 자리 수) (2) 31

4 일차 곱셈 퍼즐

P 32 ~ 33

가로 또는 세로 방향의 두 수를 곱하여 빈칸에 알맞은 수를 써넣으세요.

가로 또는 세로 방향의 두 수를 곱하여 빈칸에 알맞은 수를 써넣으세요.

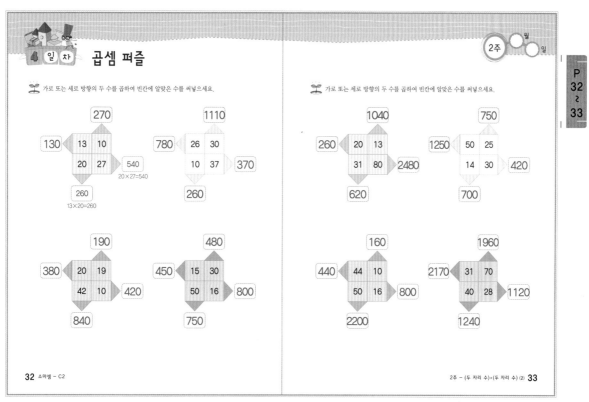

32 소마셈 – C2

2주 – (두 자리 수)×(두 자리 수) (2) 33

P
34
~
35

다음 퍼즐을 완성하세요.

가로열쇠

① 25×37

② 두 자리 수 중 가장 작은 수

③ 각 자리의 숫자의 합이 8인 수

④ 699×9

⑤ 85×64

⑥ 43×24

세로열쇠

㉠ 92×63

㉡ 각 자리 숫자가 같은 수

㉢ 천의 자리 숫자에서 일의 자리 숫
자로 갈수록 2씩 작아지는 홀수

㉣ 24×98

㉤ 세 자리 수 중 세 번째로 작은 수

34 소마셈 - C2

다음을 읽고 알맞은 곱셈식을 쓰고, 답을 구하세요.

과수원에서 수확한 과일을 포장했습니다. 감이 25개씩 30상자가 있고, 포도가 42개
씩 3상자가 있습니다. 과수원에서 수확한 감과 포도는 모두 몇 개일까요?

식 : 25×30=750, 42×3=126, 750+126=876   **876** 개

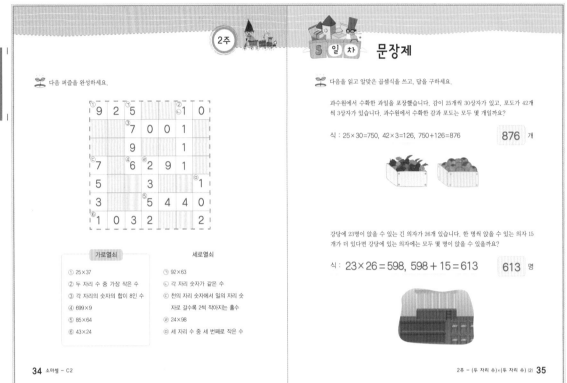

강당에 23명이 앉을 수 있는 긴 의자가 26개 있습니다. 한 명씩 앉을 수 있는 의자 15
개가 더 있다면 강당에 있는 의자에는 모두 몇 명이 앉을 수 있을까요?

식 : 23×26＝598, 598＋15＝613   **613** 명

2주 - (두 자리 수)×(두 자리 수) (2) 35

P
36
~
37

신나는 연산!

다음을 읽고 알맞은 곱셈식을 쓰고, 답을 구하세요.

연경이네 학교 3학년은 38명씩 11개 반입니다. 그 중에서 7명이 다른 학교로 전학을 갔
습니다. 연경이네 학교 3학년은 몇 명일까요?

식 : 38×11＝418, 418-7＝411   **411** 명

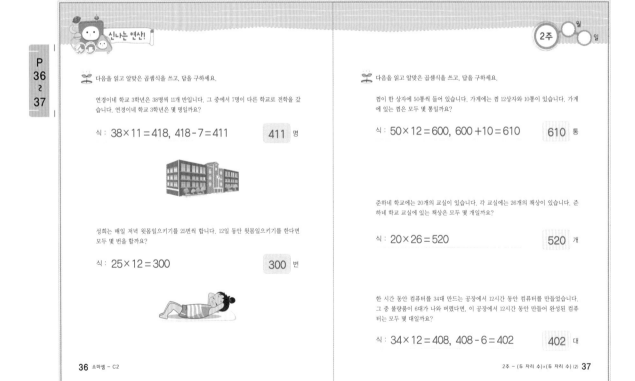

성희는 매일 저녁 윗몸일으키기를 25번씩 합니다. 12일 동안 윗몸일으키기를 한다면
모두 몇 번을 할까요?

식 : 25×12＝300   **300** 번

다음을 읽고 알맞은 곱셈식을 쓰고, 답을 구하세요.

껌이 한 상자에 50통씩 들어 있습니다. 가게에 껌 12상자와 10통이 있습니다. 가게
에 있는 껌은 모두 몇 통일까요?

식 : 50×12＝600, 600＋10＝610   **610** 통

준하네 학교에는 20개의 교실이 있습니다. 각 교실에는 26개의 책상이 있습니다. 준
하네 학교 교실에 있는 책상은 모두 몇 개일까요?

식 : 20×26＝520   **520** 개

한 시간 동안 컴퓨터를 34대 만드는 공장에서 12시간 동안 컴퓨터를 만들었습니다.
그 중 불량품이 6대가 나와 버렸다면, 이 공장에서 12시간 동안 만들어 완성된 컴퓨
터는 모두 몇 대일까요?

식 : 34×12＝408, 408-6＝402   **402** 대

36 소마셈 - C2

2주 - (두 자리 수)×(두 자리 수) (2) 37

다음을 읽고 알맞은 곱셈식을 쓰고, 답을 구하세요.

P
38

수연이가 선물을 포장하려고 합니다. 선물을 포장하는 데 33cm짜리 리본 19개와 15cm짜리 리본 8개가 필요합니다. 선물을 포장하는 데 필요한 리본은 모두 몇 cm일까요?

식 : $33 \times 19 = 627$, $15 \times 8 = 120$,
$627 + 120 = 747$

747 cm

과일이 들어 있는 상자 하나의 무게가 24kg입니다. 같은 상자 40개의 무게는 몇 kg일까요?

식 : $24 \times 40 = 960$

960 kg

동규는 과학책을 하루에 17쪽씩 읽었습니다. 18일 동안 읽었더니 책이 7쪽 남았습니다. 동규가 읽고 있는 과학책은 모두 몇 쪽짜리인 책일까요?

식 : $17 \times 18 = 306$, $306 + 7 = 313$

313 쪽

---

 1 일 차 약속

P
40
~
41

다음 도형이 나타내는 규칙에 맞게 계산해 보세요.

규칙 ㉠ ◎ ㉡ = (㉠ × ㉡) + (㉠ + ㉡)

$20 ◎ 7 = (20 \times 7) + (20 + 7)$
$= 140 + 27$
$= 167$

$36 ◎ 4 = (36 \times 4) + (36 + 4)$
$= 144 + 40$
$= 184$

규칙 ㉠ ★ ㉡ = ㉠ × ㉡ × 5

$34 ★ 3 = 34 \times 3 \times 5$
$= 102 \times 5$
$= 510$

$51 ★ 2 = 51 \times 2 \times 5$
$= 102 \times 5$
$= 510$

TIP
앞에서부터 차례로 계산하고, ( )가 있는 경우에는 ( ) 안을 가장 먼저 계산한 후 앞에서 부터 차례로 계산합니다.

다음 도형이 나타내는 규칙에 맞게 계산해 보세요.

규칙 ㉠ ◆ ㉡ = ㉠ × ㉡ - 8

$18 ◆ 9 = 18 \times 9 - 8$
$= 162 - 8$
$= 154$

$23 ◆ 6 = 23 \times 6 - 8$
$= 138 - 8$
$= 130$

규칙 ㉠ ▣ ㉡ = (㉠ × ㉡) - (㉠ - ㉡)

$46 ▣ 3 = (46 \times 3) - (46 - 3)$
$= 138 - 43$
$= 95$

$60 ▣ 5 = (60 \times 5) - (60 - 5)$
$= 300 - 55$
$= 245$

규칙 ㉠ ♥ ㉡ = (㉠ × ㉡) - (㉠ + 7)

$9 ♥ 23 = (9 \times 23) - (9 + 7)$
$= 207 - 16$
$= 191$

$43 ♥ 5 = (43 \times 5) - (43 + 7)$
$= 215 - 50$
$= 165$

2일차 규칙 찾기

🌱 규칙을 찾아 □ 안에 알맞은 수를 써넣으세요.

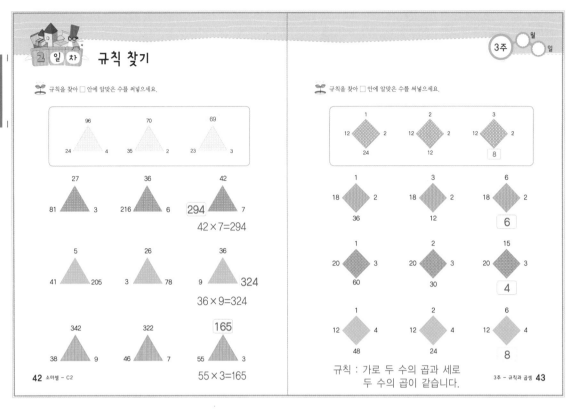

42 × 7 = 294

36 × 9 = 324

55 × 3 = 165

42 소마셈 – C2

🌱 규칙을 찾아 □ 안에 알맞은 수를 써넣으세요.

규칙 : 가로 두 수의 곱과 세로
두 수의 곱이 같습니다.

3주 – 규칙과 곱셈 43

3주

🌱 규칙을 찾아 □ 안에 알맞은 수를 써넣으세요.

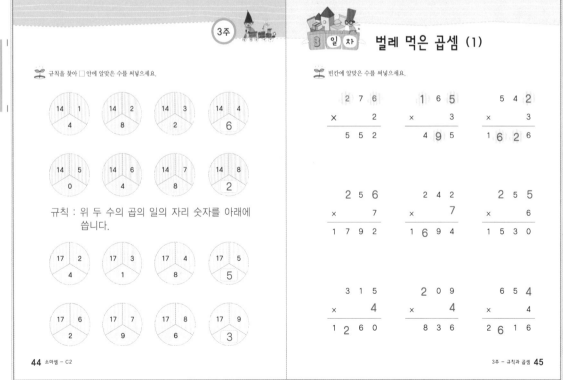

규칙 : 위 두 수의 곱의 일의 자리 숫자를 아래에
씁니다.

44 소마셈 – C2

3일차 벌레 먹은 곱셈 (1)

🌱 빈칸에 알맞은 수를 써넣으세요.

```
  2 7 6        1 6 5        5 4 2
×     2      ×     3      ×     3
─────────    ─────────    ─────────
  5 5 2        4 9 5        1 6 2 6
```

```
  2 5 6        2 4 2        2 5 5
×     7      ×     7      ×     6
─────────    ─────────    ─────────
1 7 9 2      1 6 9 4      1 5 3 0
```

```
  3 1 5        2 0 9        6 5 4
×     4      ×     4      ×     4
─────────    ─────────    ─────────
1 2 6 0        8 3 6      2 6 1 6
```

3주 – 규칙과 곱셈 45

3주

빈칸에 알맞은 수를 써넣으세요.

```
    5 0 7        4 6 0        5 6 5
  ×     6      ×     9      ×     4
    3 0 4 2      4 1 4 0      2 2 6 0
```

```
    1 1 4        1 5 3        2 5 2
  ×     9      ×     8      ×     7
    1 0 2 6      1 2 2 4      1 7 6 4
```

```
    4 6 7        5 2 4        3 2 3
  ×     3      ×     4      ×     7
    1 4 0 1      2 0 9 6      2 2 6 1
```

4 일차 벌레 먹은 곱셈 (2)

빈칸에 알맞은 수를 써넣으세요.

```
    2 6          5 6          2 2
  × 6 0        × 7 0        × 5 0
  1 5 6 0      3 9 2 0      1 1 0 0
```

```
    1 8          5 3          4 2
  × 9 0        × 4 0        × 9 0
  1 6 2 0      2 1 2 0      3 7 8 0
```

```
    4 6          7 5          9 4
  × 5 0        × 2 0        × 3 0
  2 3 0 0      1 5 0 0      2 8 2 0
```

3주

빈칸에 알맞은 수를 써넣으세요.

```
    4 3          2 3          7 4
  × 5 0        × 7 0        × 9 0
  2 1 5 0      1 6 1 0      6 6 6 0
```

```
    3 9          3 4          4 7
  × 8 0        × 6 0        × 3 0
  3 1 2 0      2 0 4 0      1 4 1 0
```

```
    8 9          6 3          7 5
  × 6 0        × 7 0        × 2 0
  5 3 4 0      4 4 1 0      1 5 0 0
```

5 일차 도형이 나타내는 수

다음 도형이 나타내는 알맞은 수를 구하고, 빈칸에 써넣으세요.

```
    3 6                3 ★
  × 5 7              × 4 5
  2 5 2              1 6 0
  1 8 ♥              1 2 ♥
  2 ♦ 5 2            1 4 ♦ 0
```

7 + 8 + ◆ = 15   ★ × ♥ × ◆ = 64

```
    1 6                6 ★
  × ★ 4              × 4 3
    6 4              2 0 1
  ♥ 4                2 ♥ 8
  1 ♦ 0 4            ♦ 8 8 1
```

★ × ♥ × ◆ = 45   ★ + ♥ + ◆ = 15

P 50 ~ 51

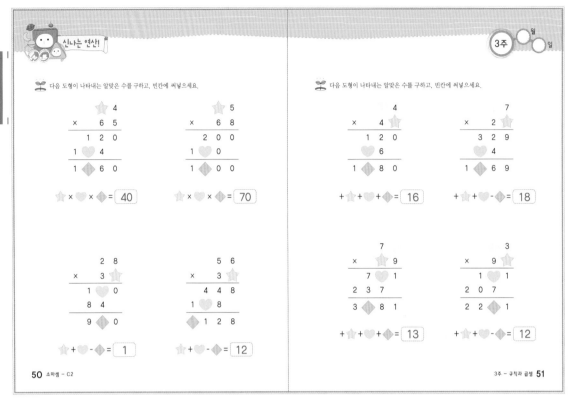

신나는 연산!

다음 도형이 나타내는 알맞은 수를 구하고, 빈칸에 써넣으세요.

```
      ☆ 4
   ×  6 5
     1 2 0
   1 ♥ 4
   1 ◆ 6 0
```
☆ × ♥ × ◆ = 40

```
   ☆ 5
   ×  6 8
     2 0 0
   1 ♥ 0
   1 ◆ 0 0
```
☆ × ♥ × ◆ = 70

```
     2 8
   ×   3
   1 ♥ 0
     8 4
   9 ◆ 0
```
☆ + ♥ - ◆ = 1

```
     5 6
   ×   3 ☆
   4 4 8
   1 ♥ 8
   ◆ 1 2 8
```
☆ + ♥ - ◆ = 12

다음 도형이 나타내는 알맞은 수를 구하고, 빈칸에 써넣으세요.

```
        4
   ×  4 ☆
     1 2 0
   ♥ 6
   1 ◆ 8 0
```
+ ☆ + ♥ + ◆ = 16

```
        7
   ×  2 ☆
     3 2 9
   4
   1 ◆ 6 9
```
+ ☆ + ♥ - ◆ = 18

```
        7
   ×  ☆ 9
   7 ♥ 1
   2 3 7
   3 ◆ 8 1
```
+ ☆ + ♥ + ◆ = 13

```
        3
   ×   9 ☆
   1 ♥ 1
   2 0 7
   2 2 ◆ 1
```
+ ☆ + ♥ - ◆ = 12

50 소마셈 - C2

3주 - 규칙과 곱셈 51

P 54 ~ 55

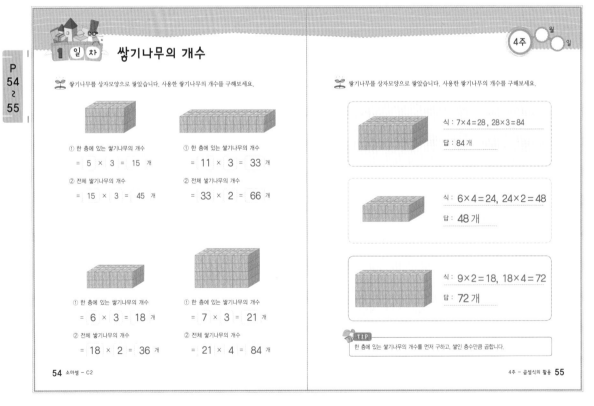

1 일 차   쌓기나무의 개수

쌓기나무를 상자모양으로 쌓았습니다. 사용한 쌓기나무의 개수를 구해보세요.

① 한 층에 있는 쌓기나무 개수
= 5 × 3 = 15 개
② 전체 쌓기나무의 개수
= 15 × 3 = 45 개

① 한 층에 있는 쌓기나무 개수
= 11 × 3 = 33 개
② 전체 쌓기나무의 개수
= 33 × 2 = 66 개

① 한 층에 있는 쌓기나무 개수
= 6 × 3 = 18 개
② 전체 쌓기나무의 개수
= 18 × 2 = 36 개

① 한 층에 있는 쌓기나무 개수
= 7 × 3 = 21 개
② 전체 쌓기나무의 개수
= 21 × 4 = 84 개

쌓기나무를 상자모양으로 쌓았습니다. 사용한 쌓기나무의 개수를 구해보세요.

식 : 7 × 4 = 28, 28 × 3 = 84

답 : 84 개

식 : 6 × 4 = 24, 24 × 2 = 48

답 : 48 개

식 : 9 × 2 = 18, 18 × 4 = 72

답 : 72 개

TIP
한 층에 있는 쌓기나무의 개수를 먼저 구하고, 쌓인 층수만큼 곱합니다.

54 소마셈 - C2

4주 - 곱셈식의 활용 55

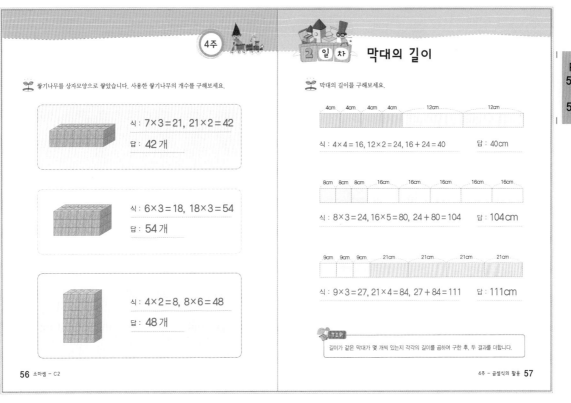

막대의 길이

4주

쌓기나무를 상자모양으로 쌓았습니다. 사용한 쌓기나무의 개수를 구해보세요.

식 : 7×3=21, 21×2=42

답 : 42 개

식 : 6×3=18, 18×3=54

답 : 54 개

식 : 4×2=8, 8×6=48

답 : 48 개

24 일차 막대의 길이

막대의 길이를 구해보세요.

4cm 4cm 4cm 4cm 12cm 12cm

식 : 4×4=16, 12×2=24, 16+24=40   답 : 40cm

8cm 8cm 8cm 16cm 16cm 16cm 16cm 16cm

식 : 8×3=24, 16×5=80, 24+80=104   답 : 104cm

9cm 9cm 9cm 21cm 21cm 21cm 21cm

식 : 9×3=27, 21×4=84, 27+84=111   답 : 111cm

TIP
길이가 같은 막대가 몇 개씩 있는지 각각의 길이를 곱하여 구한 후, 두 결과를 더합니다.

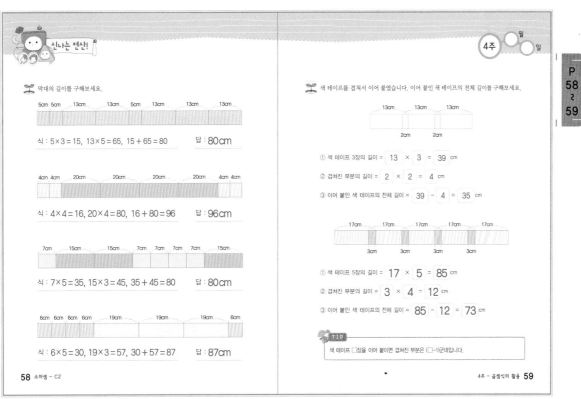

신나는 연산!

4주

막대의 길이를 구해보세요.

5cm 5cm 13cm 13cm 5cm 13cm 13cm 13cm

식 : 5×3=15, 13×5=65, 15+65=80   답 : 80cm

4cm 4cm 20cm 20cm 20cm 20cm 4cm 4cm

식 : 4×4=16, 20×4=80, 16+80=96   답 : 96cm

7cm 15cm 15cm 7cm 7cm 7cm 7cm 15cm

식 : 7×5=35, 15×3=45, 35+45=80   답 : 80cm

6cm 6cm 6cm 6cm 19cm 19cm 19cm 6cm

식 : 6×5=30, 19×3=57, 30+57=87   답 : 87cm

색 테이프를 겹쳐서 이어 붙였습니다. 이어 붙인 색 테이프의 전체 길이를 구해보세요.

13cm 13cm 13cm

2cm 2cm

① 색 테이프 3장의 길이 = 13 × 3 = 39 cm

② 겹쳐진 부분의 길이 = 2 × 2 = 4 cm

③ 이어 붙인 색 테이프의 전체 길이 = 39 - 4 = 35 cm

17cm 17cm 17cm 17cm 17cm

3cm 3cm 3cm 3cm

① 색 테이프 5장의 길이 = 17 × 5 = 85 cm

② 겹쳐진 부분의 길이 = 3 × 4 = 12 cm

③ 이어 붙인 색 테이프의 전체 길이 = 85 - 12 = 73 cm

TIP
색 테이프 □장을 이어 붙이면 겹쳐진 부분은 (□-1)군데입니다.

신나는 연산!

(4주)

🌱 색 테이프를 겹쳐서 이어 붙였습니다. 이어 붙인 색 테이프의 전체 길이를 구해보세요.

20cm 20cm 20cm 20cm
3cm 3cm 3cm

식 : 20×4=80, 3×3=9, 80-9=71   답 : 71cm

26cm 26cm 26cm
2cm 2cm

식 : 26×3=78, 2×2=4, 78-4=74   답 : 74cm

15cm 15cm 15cm 15cm 15cm
4cm 4cm 4cm 4cm

식 : 15×5=75, 4×4=16, 75-16=59   답 : 59cm

🌱 색 테이프를 겹쳐서 이어 붙였습니다. 이어 붙인 색 테이프의 전체 길이를 구해보세요.

25cm 25cm 25cm
6cm 6cm

식 : 25×3=75, 6×2=12, 75-12=63   답 : 63cm

22cm 22cm 22cm 22cm
5cm 5cm 5cm

식 : 22×4=88, 5×3=15, 88-15=73   답 : 73cm

14cm 14cm 14cm 14cm 14cm
3cm 3cm 3cm 3cm

식 : 14×5=70, 3×4=12, 70-12=58   답 : 58cm

3 일 차 화살판의 점수

(4주) 월 일

🌱 주어진 화살판에서 화살을 한 개 더 맞혀 ▨▨ 안의 점수를 얻으려고 합니다. 어느 곳을 더 맞혀야 하는지 구하고, 화살판에 ×표 하세요.

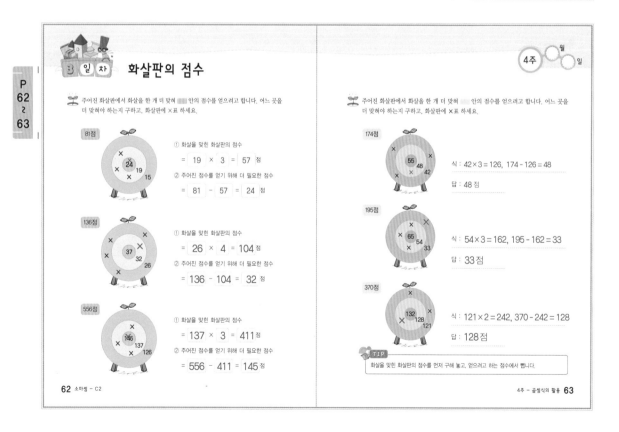

81점

① 화살을 맞힌 화살판의 점수
  = 19 × 3 = 57 점
② 주어진 점수를 얻기 위해 더 필요한 점수
  = 81 - 57 = 24 점

136점

① 화살을 맞힌 화살판의 점수
  = 26 × 4 = 104 점
② 주어진 점수를 얻기 위해 더 필요한 점수
  = 136 - 104 = 32 점

556점

① 화살을 맞힌 화살판의 점수
  = 137 × 3 = 411 점
② 주어진 점수를 얻기 위해 더 필요한 점수
  = 556 - 411 = 145 점

🌱 주어진 화살판에서 화살을 한 개 더 맞혀 ▨▨ 안의 점수를 얻으려고 합니다. 어느 곳을 더 맞혀야 하는지 구하고, 화살판에 ×표 하세요.

174점

식 : 42×3=126, 174-126=48
답 : 48 점

195점

식 : 54×3=162, 195-162=33
답 : 33 점

370점

식 : 121×2=242, 370-242=128
답 : 128 점

TIP
화살을 맞힌 화살판의 점수를 먼저 구해 놓고, 얻으려고 하는 점수에서 뺍니다.

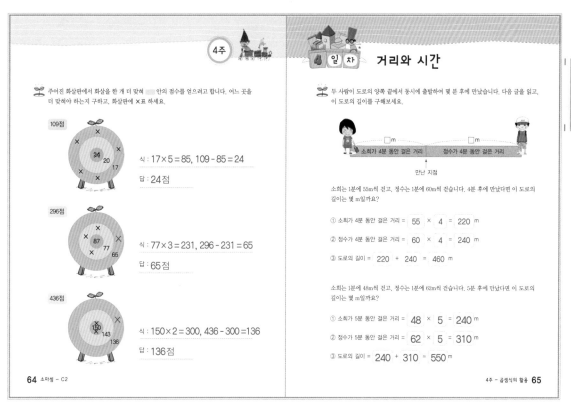

④주

주어진 화살판에서 화살을 한 개 더 맞혀 ▢ 안의 점수를 얻으려고 합니다. 어느 곳을 더 맞혀야 하는지 구하고, 화살판에 ✕표 하세요.

109점

식 : 17×5=85, 109-85=24

답 : 24점

296점

식 : 77×3=231, 296-231=65

답 : 65점

436점

식 : 150×2=300, 436-300=136

답 : 136점

64 소마셈 - C2

일 차

거리와 시간

두 사람이 도로의 양쪽 끝에서 동시에 출발하여 몇 분 후에 만났습니다. 다음 글을 읽고, 이 도로의 길이를 구해보세요.

□m 소희가 4분 동안 걸은 거리 □m 정수가 4분 동안 걸은 거리

만난 지점

소희는 1분에 55m씩 걷고, 정수는 1분에 60m씩 걷습니다. 4분 후에 만났다면 이 도로의 길이는 몇 m일까요?

① 소희가 4분 동안 걸은 거리 = 55 × 4 = 220 m

② 정수가 4분 동안 걸은 거리 = 60 × 4 = 240 m

③ 도로의 길이 = 220 + 240 = 460 m

소희는 1분에 48m씩 걷고, 정수는 1분에 62m씩 걷습니다. 5분 후에 만났다면 이 도로의 길이는 몇 m일까요?

① 소희가 5분 동안 걸은 거리 = 48 × 5 = 240 m

② 정수가 5분 동안 걸은 거리 = 62 × 5 = 310 m

③ 도로의 길이 = 240 + 310 = 550 m

4주 - 곱셈식의 활용 **65**

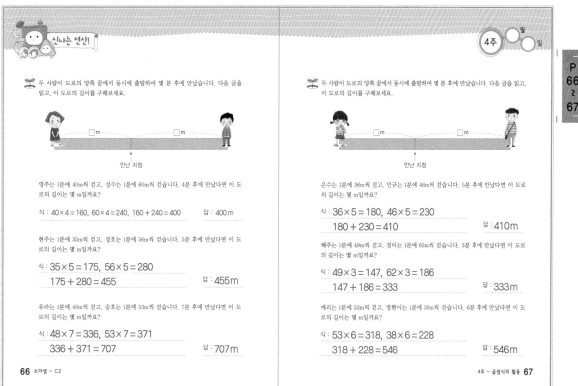

신나는 연산!

두 사람이 도로의 양쪽 끝에서 동시에 출발하여 몇 분 후에 만났습니다. 다음 글을 읽고, 이 도로의 길이를 구해보세요.

□m □m

만난 지점

영주는 1분에 40m씩 걷고, 성수는 1분에 60m씩 걷습니다. 4분 후에 만났다면 이 도로의 길이는 몇 m일까요?

식 : 40×4=160, 60×4=240, 160+240=400

답 : 400m

현주는 1분에 35m씩 걷고, 경호는 1분에 56m씩 걷습니다. 5분 후에 만났다면 이 도로의 길이는 몇 m일까요?

식 : 35×5=175, 56×5=280

175+280=455

답 : 455m

유라는 1분에 48m씩 걷고, 승호는 1분에 53m씩 걷습니다. 7분 후에 만났다면 이 도로의 길이는 몇 m일까요?

식 : 48×7=336, 53×7=371

336+371=707

답 : 707m

66 소마셈 - C2

4주 월 일

두 사람이 도로의 양쪽 끝에서 동시에 출발하여 몇 분 후에 만났습니다. 다음 글을 읽고, 이 도로의 길이를 구해보세요.

□m □m

만난 지점

은수는 1분에 36m씩 걷고, 민규는 1분에 46m씩 걷습니다. 5분 후에 만났다면 이 도로의 길이는 몇 m일까요?

식 : 36×5=180, 46×5=230

180+230=410

답 : 410m

혜주는 1분에 49m씩 걷고, 경미는 1분에 62m씩 걷습니다. 3분 후에 만났다면 이 도로의 길이는 몇 m일까요?

식 : 49×3=147, 62×3=186

147+186=333

답 : 333m

예리는 1분에 53m씩 걷고, 정현이는 1분에 38m씩 걷습니다. 6분 후에 만났다면 이 도로의 길이는 몇 m일까요?

식 : 53×6=318, 38×6=228

318+228=546

답 : 546m

4주 - 곱셈식의 활용 **67**

5 일차 물건값과 거스름돈

🌱 주어진 표와 같이 가격을 정하여 물건을 팝니다. 다음 글을 읽고, 얼마를 내야 하는지 구해보세요.

물건	✏️ 연필 1자루	🖍️ 색연필 1자루	📓 공책 1권	📏 자 1개
가격	150원	234원	285원	312원

연필 2자루와 색연필 4자루를 사려고 합니다. 얼마를 내야 할까요?

① 연필 2자루의 가격 = 150 × 2 = 300 원

② 색연필 4자루의 가격 = 234 × 4 = 936 원

③ 필요한 금액 = 300 + 936 = 1236 원

공책 5권과 자 2개를 사려고 합니다. 얼마를 내야 할까요?

① 공책 5권의 가격 = 285 × 5 = 1425원

② 자 2개의 가격 = 312 × 2 = 624원

③ 필요한 금액 = 1425 + 624 = 2049원

🌱 주어진 표와 같이 가격을 정하여 물건을 팝니다. 다음 글을 읽고, 얼마를 내야 하는지 구해보세요.

물건	🍫 초콜렛 1개	🍬 사탕 1개	🔋 껌 1통	🥛 우유 1개
가격	265원	183원	142원	527원

초콜렛 2개와 껌 2통을 사려고 합니다. 얼마를 내야 할까요?

식 : 265 × 2 = 530, 142 × 2 = 284, 530 + 284 = 814   답 : 814 원

사탕 6개와 초콜렛 2개를 사려고 합니다. 얼마를 내야 할까요?

식 : 183 × 6 = 1098, 265 × 2 = 530
1098 + 530 = 1628   답 : 1628원

우유 2개와 사탕 3개를 사려고 합니다. 얼마를 내야 할까요?

식 : 527 × 2 = 1054, 183 × 3 = 549
1054 + 549 = 1603   답 : 1603원

껌 3통과 사탕 2개를 사려고 합니다. 얼마를 내야 할까요?

식 : 142 × 3 = 426, 183 × 2 = 366
426 + 366 = 792   답 : 792원

🌱 주어진 표와 같이 가격을 정하여 물건을 팝니다. 다음 글을 읽고, 받아야 하는 거스름돈이 얼마인지 구해보세요.

물건	✏️ 연필 1자루	🖍️ 색연필 1자루	📓 공책 1권	📏 자 1개
가격	53원	46원	131원	67원

연필 4자루와 공책 2권을 사고 500원을 냈습니다. 거스름돈은 얼마일까요?

① 연필 4자루의 가격 = 53 × 4 = 212 원

② 공책 2권의 가격 = 131 × 2 = 262 원

③ 연필 4자루와 공책 2권의 가격 = 212 + 262 = 474 원

④ 받아야 하는 거스름돈 = 500 - 474 = 26 원

자 2개와 색연필 3자루를 사고 300원을 냈습니다. 거스름돈은 얼마일까요?

① 자 2개의 가격 = 67 × 2 = 134 원

② 색연필 3자루의 가격 = 46 × 3 = 138 원

③ 자 2개와 색연필 3자루의 가격 = 134 + 138 = 272 원

④ 받아야 하는 거스름돈 = 300 - 272 = 28 원

🌱 주어진 표와 같이 가격을 정하여 물건을 팝니다. 다음 글을 읽고, 받아야 하는 거스름돈이 얼마인지 구해보세요.

물건	🍫 초콜렛 1개	🍬 사탕 1개	🔋 껌 1통	🥛 우유 1개
가격	64원	57원	127원	213원

초콜렛 5개와 껌 2통을 사고 600원을 냈습니다. 거스름돈은 얼마일까요?

① 초콜렛 5개의 가격 = 64 × 5 = 320 원

② 껌 2통의 가격 = 127 × 2 = 254 원

③ 초콜렛 5개와 껌 2통의 가격 = 320 + 254 = 574 원

④ 받아야 하는 거스름돈 = 600 - 574 = 26 원

사탕 3개와 우유 3개를 사고 900원을 냈습니다. 거스름돈은 얼마일까요?

① 사탕 3개의 가격 = 57 × 3 = 171 원

② 우유 3개의 가격 = 213 × 3 = 639 원

③ 사탕 3개와 우유 3개의 가격 = 171 + 639 = 810 원

④ 받아야 하는 거스름돈 = 900 - 810 = 90 원

빈칸에 알맞은 수를 써넣으세요.

19 × 23 = 437

×	10	9
20	200	180
3	30	27

16 × 17 = 272

×	10	6
10	100	60
7	70	42

24 × 18 = 432

×	20	4
10	200	40
8	160	32

18 × 33 = 594

×	10	8
30	300	240
3	30	24

21 × 37 = 777

×	20	1
30	600	30
7	140	7

15 × 45 = 675

×	10	5
40	400	200
5	50	25

빈칸에 알맞은 수를 써넣으세요.

28 × 24 = 672

×	20	8
20	400	160
4	80	32

16 × 36 = 576

×	10	6
30	300	180
6	60	36

28 × 32 = 896

×	20	8
30	600	240
2	40	16

37 × 16 = 592

×	30	7
10	300	70
6	180	42

18 × 54 = 972

×	10	8
50	500	400
4	40	32

32 × 45 = 1440

×	30	2
40	1200	80
5	150	10

P 74 ~ 75

빈칸에 알맞은 수를 써넣으세요.

```
   2 4
 ×  3 8
 ─────
  1 9 2
   7 2
 ─────
  9 1 2
```

```
   1 9
 ×  4 5
 ─────
    9 5
   7 6
 ─────
  8 5 5
```

```
   2 2
 ×  6 4
 ─────
    8 8
  1 3 2
 ─────
 1 4 0 8
```

```
   3 5
 ×  2 6
 ─────
  2 1 0
   7 0
 ─────
  9 1 0
```

```
   1 9
 ×  2 8
 ─────
  1 5 2
   3 8
 ─────
  5 3 2
```

```
   3 2
 ×  3 4
 ─────
  1 2 8
   9 6
 ─────
 1 0 8 8
```

```
   2 7
 ×  5 2
 ─────
    5 4
  1 3 5
 ─────
 1 4 0 4
```

```
   4 8
 ×  1 4
 ─────
  1 9 2
   4 8
 ─────
  6 7 2
```

```
   2 5
 ×  3 5
 ─────
  1 2 5
   7 5
 ─────
  8 7 5
```

빈칸에 알맞은 수를 써넣으세요.

```
   1 8
 ×  3 7
 ─────
  1 2 6
   5 4
 ─────
  6 6 6
```

```
   2 4
 ×  2 7
 ─────
  1 6 8
   4 8
 ─────
  6 4 8
```

```
   4 5
 ×  1 6
 ─────
  2 7 0
   4 5
 ─────
  7 2 0
```

```
   2 9
 ×  3 4
 ─────
  1 1 6
   8 7
 ─────
  9 8 6
```

```
   3 7
 ×  4 1
 ─────
    3 7
  1 4 8
 ─────
 1 5 1 7
```

```
   5 5
 ×  1 8
 ─────
  4 4 0
   5 5
 ─────
  9 9 0
```

```
   2 8
 ×  4 5
 ─────
  1 4 0
  1 1 2
 ─────
 1 2 6 0
```

```
   3 3
 ×  3 7
 ─────
  2 3 1
   9 9
 ─────
 1 2 2 1
```

```
   6 3
 ×  1 7
 ─────
  4 4 1
   6 3
 ─────
 1 0 7 1
```

P 76 ~ 77

2주차 (두 자리 수)×(두 자리 수) (2)

각 자리의 위치를 맞추어 빈칸에 알맞은 수를 써넣으세요.

```
    2 3
  ×  5 7
  ─────
    1 6 1
  1 1 5
  ─────
  1 3 1 1
```

```
    1 6
  ×  2 8
  ─────
    1 2 8
    3 2
  ─────
    4 4 8
```

```
    2 5
  ×  3 4
  ─────
    1 0 0
    7 5
  ─────
    8 5 0
```

```
    2 7
  ×  2 1
  ─────
    2 7
    5 4
  ─────
    5 6 7
```

```
    1 9
  ×  3 7
  ─────
    1 3 3
    5 7
  ─────
    7 0 3
```

```
    5 2
  ×  2 4
  ─────
    2 0 8
  1 0 4
  ─────
  1 2 4 8
```

```
    3 4
  ×  3 4
  ─────
    1 3 6
  1 0 2
  ─────
  1 1 5 6
```

```
    4 1
  ×  2 5
  ─────
    2 0 5
    8 2
  ─────
  1 0 2 5
```

```
    2 8
  ×  3 5
  ─────
    1 4 0
    8 4
  ─────
    9 8 0
```

각 자리의 위치를 맞추어 빈칸에 알맞은 수를 써넣으세요.

```
    4 6
  ×  1 2
  ─────
    9 2
    4 6
  ─────
    5 5 2
```

```
    1 8
  ×  2 3
  ─────
    5 4
    3 6
  ─────
    4 1 4
```

```
    1 9
  ×  5 5
  ─────
    9 5
    9 5
  ─────
  1 0 4 5
```

```
    2 3
  ×  1 7
  ─────
    1 6 1
    2 3
  ─────
    3 9 1
```

```
    3 2
  ×  5 0
  ─────
    1 6 0
    9 6
  ─────
  1 1 2 0
```

```
    1 8
  ×  7 7
  ─────
    1 2 6
  1 2 6
  ─────
  1 3 8 6
```

```
    4 4
  ×  2 3
  ─────
    1 3 2
    8 8
  ─────
  1 0 1 2
```

```
    5 0
  ×  1 8
  ─────
    4 0 0
    5 0
  ─────
    9 0 0
```

```
    3 2
  ×  4 5
  ─────
    1 6 0
  1 2 8
  ─────
  1 4 4 0
```

2주차

각 자리의 위치를 맞추어 빈칸에 알맞은 수를 써넣으세요.

```
    1 6
  ×  2 5
  ─────
    8 0
    3 2
  ─────
    4 0 0
```

```
    1 8
  ×  1 9
  ─────
    1 6 2
    1 8
  ─────
    3 4 2
```

```
    2 2
  ×  3 7
  ─────
    1 5 4
    6 6
  ─────
    8 1 4
```

```
    2 4
  ×  2 5
  ─────
    1 2 0
    4 8
  ─────
    6 0 0
```

```
    3 1
  ×  3 2
  ─────
    6 2
    9 3
  ─────
    9 9 2
```

```
    4 9
  ×  2 2
  ─────
    9 8
    9 8
  ─────
  1 0 7 8
```

```
    1 8
  ×  4 7
  ─────
    1 2 6
    7 2
  ─────
    8 4 6
```

```
    2 6
  ×  5 2
  ─────
    5 2
  1 3 0
  ─────
  1 3 5 2
```

```
    3 0
  ×  4 6
  ─────
    1 8 0
  1 2 0
  ─────
  1 3 8 0
```

각 자리의 위치를 맞추어 빈칸에 알맞은 수를 써넣으세요.

```
    1 8
  ×  8 1
  ─────
    1 8
  1 4 4
  ─────
  1 4 5 8
```

```
    1 6
  ×  2 6
  ─────
    9 6
    3 2
  ─────
    4 1 6
```

```
    2 7
  ×  3 4
  ─────
    1 0 8
    8 1
  ─────
    9 1 8
```

```
    3 4
  ×  2 6
  ─────
    2 0 4
    6 8
  ─────
    8 8 4
```

```
    4 6
  ×  3 7
  ─────
    3 2 2
  1 3 8
  ─────
  1 7 0 2
```

```
    3 2
  ×  3 7
  ─────
    2 2 4
    9 6
  ─────
  1 1 8 4
```

```
    5 9
  ×  2 2
  ─────
    1 1 8
  1 1 8
  ─────
  1 2 9 8
```

```
    4 7
  ×  1 7
  ─────
    3 2 9
    4 7
  ─────
    7 9 9
```

```
    5 0
  ×  3 8
  ─────
    4 0 0
  1 5 0
  ─────
  1 9 0 0
```

3주차 — 규칙과 곱셈

빈칸에 알맞은 수를 써넣으세요.

```
  1 2 5          4 8 2          1 2 6
×     3        ×     3        ×     3
-------        -------        -------
  3 7 5        1 4 4 6          3 7 8


  3 1 2          1 8 5          2 2 6
×     7        ×     6        ×     7
-------        -------        -------
2 1 8 4        1 1 1 0        1 5 8 2


  2 1 9          5 9 4          4 0 5
×     4        ×     4        ×     4
-------        -------        -------
  8 7 6        2 3 7 6        1 6 2 0
```

빈칸에 알맞은 수를 써넣으세요.

```
    3 6            5 5              1 4
×   4 0        ×   7 0        ×     8 0
-------        -------        ---------
1 4 4 0        3 8 5 0          1 1 2 0


    3 2            7 5              3 4
×   5 0        ×   3 0        ×     5 0
-------        -------        ---------
1 6 0 0        2 2 5 0          1 7 0 0


    3 8            4 3              5 2
×   4 0        ×   4 0        ×     9 0
-------        -------        ---------
1 5 2 0        1 7 2 0          4 6 8 0
```

82 소마셈 – C2   Drill – 보충학습 83

3주차

다음 도형이 나타내는 알맞은 수를 구하고, 빈칸에 써넣으세요.

```
      5 4                2 9
×     3 ★              × 5 ★
---------            -------
    3 ♥ 4                8 7
  1 6 2              1 ♥ 5
---------            -------
  1 9 ♥ 4            1 ♥ 3 7

★+♥+◆= 12        ★+♥+◆= 12
```

```
      7                   2
×   4 ♥                × 3 ♥
-------              -------
    8 1                4 6 8
1 ◆ 8                1 5 ◆
-------              -------
1 ★ 6 1              2 ★ 2 8

●+♥+◆+★= 6       ●+♥+◆+★= 20
```

```
    2 6                  7 ★
×   ★ 6              ×   4 3
-------              -------
  1 5 6                2 3 4
♥ 8 2                3 ♥ 2
-------              -------
1 ◆ 7 6              3 ◆ 5 4

★×♥×◆= 63        ★×♥×◆= 24
```

```
      8 ●                  ● 6
×     ♥ 4              ×   7 ♥
---------              -------
    ◆ 3 6              1 8 0
  8 4                ◆ 5 2
---------              -------
1 1 ★ 6              2 7 ★ 0

●×♥×◆×★= 84      ●+♥+◆+★= 10
```

84 소마셈 – C2   Drill – 보충학습 85

정답 **109**

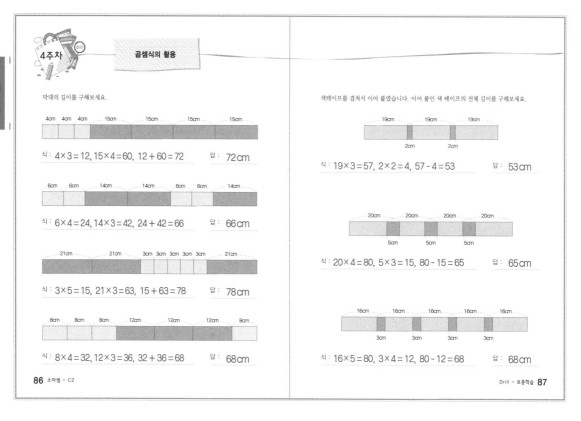

4주차 곱셈식의 활용

막대의 길이를 구해보세요.

4cm 4cm 4cm 15cm 15cm 15cm 15cm

식 : $4 \times 3 = 12$, $15 \times 4 = 60$, $12 + 60 = 72$ 답 : 72cm

6cm 6cm 14cm 14cm 6cm 6cm 14cm

식 : $6 \times 4 = 24$, $14 \times 3 = 42$, $24 + 42 = 66$ 답 : 66cm

21cm 21cm 3cm 3cm 3cm 3cm 21cm

식 : $3 \times 5 = 15$, $21 \times 3 = 63$, $15 + 63 = 78$ 답 : 78cm

8cm 8cm 8cm 12cm 12cm 12cm 8cm

식 : $8 \times 4 = 32$, $12 \times 3 = 36$, $32 + 36 = 68$ 답 : 68cm

색테이프를 겹쳐서 이어 붙였습니다. 이어 붙인 색 테이프의 전체 길이를 구해보세요.

19cm 19cm 19cm 2cm 2cm

식 : $19 \times 3 = 57$, $2 \times 2 = 4$, $57 - 4 = 53$ 답 : 53cm

20cm 20cm 20cm 20cm 5cm 5cm 5cm

식 : $20 \times 4 = 80$, $5 \times 3 = 15$, $80 - 15 = 65$ 답 : 65cm

16cm 16cm 16cm 16cm 16cm 3cm 3cm 3cm 3cm

식 : $16 \times 5 = 80$, $3 \times 4 = 12$, $80 - 12 = 68$ 답 : 68cm

4주차

주어진 표와 같이 가격을 정하여 물건을 팝니다. 다음 글을 읽고, 얼마를 내야 하는지 구해 보세요.

물건	연필 1자루	색연필 1자루	공책 1권	자 1개
가격	125원	167원	230원	322원

공책 3권과 색연필 2자루를 사려고 합니다. 얼마를 내야 할까요?

① 공책 3권의 가격 = $230 \times 3 = 690$ 원

② 색연필 2자루의 가격 = $167 \times 2 = 334$ 원

③ 필요한 금액 = $690 + 334 = 1024$ 원

연필 2자루와 자 2개를 사려고 합니다. 얼마를 내야 할까요?

① 연필 2자루의 가격 = $125 \times 2 = 250$ 원

② 자 2개의 가격 = $322 \times 2 = 644$ 원

③ 필요한 금액 = $250 + 644 = 894$ 원

주어진 표와 같이 가격을 정하여 물건을 팝니다. 다음 글을 읽고, 얼마를 내야 하는지 구해 보세요.

물건	초콜릿 1개	사탕 1개	껌 1통	과자 1봉지
가격	187원	166원	250원	438원

사탕 2개와 껌 2통을 사려고 합니다. 얼마를 내야 할까요?

식 : $166 \times 2 = 332$, $250 \times 2 = 500$
$332 + 500 = 832$ 답 : 832원

초콜릿 2개와 사탕 3개를 사려고 합니다. 얼마를 내야 할까요?

식 : $187 \times 2 = 374$, $166 \times 3 = 498$
$374 + 498 = 872$ 답 : 872원

과자 2봉지와 초콜릿 3개를 사려고 합니다. 얼마를 내야 할까요?

식 : $438 \times 2 = 876$, $187 \times 3 = 561$
$876 + 561 = 1437$ 답 : 1437원

껌 3통과 사탕 2개를 사려고 합니다. 얼마를 내야 할까요?

식 : $250 \times 3 = 750$, $166 \times 2 = 332$
$750 + 332 = 1082$ 답 : 1082원

Note